Ralph Dutli

Alba

Ralph Dutli

Alba

Gedichte

WALLSTEIN VERLAG

Bibliografische Information der Deutschen Nationalbibliothek

Die Deutsche Nationalbibliothek verzeichnet diese
Publikation in der Deutschen Nationalbibliografie;
detaillierte bibliografische Daten sind im Internet
über http://dnb.d-nb.de abrufbar.

www.wallstein-verlag.de
Vom Verlag gesetzt aus der Stempel Garamond
Umschlaggestaltung: Susanne Gerhards, Düsseldorf
Umschlagabbildung: Jonas Burgert »Vieche« (2016),
Öl auf Leinwand, 90×80 cm, Privatsammlung, Österreich,
© Foto: Lepkowski Studios, Courtesy: Jonas Burgert
Druck und Verarbeitung: Pustet, Regensburg

ISBN 978-3-8353-5627-6

C.
à qui
sinon
à toi

Salz zu Salz

Ich bin die Zeit.
Und meine Zeit ist mir teuer

Spruch des Salzkorns

Salz ist das Kleingeld der Ewigkeit

das uns alle Zeit heimzahlt
bis ans Ende der Erde
Salz verdirbt nicht es bleibt
was es ist

Salz bleibt
und macht bleiben
Salz schreibt
seit Jahrmillionen
sein würziges Tagebuch
Salz macht schreiben

im Salz ist die Zeit nicht überhörbar
ihre Würze und Dauer
meine weiße Tinte!

Fetische: Salzdosen

ich schreibe dir ob du's glaubst oder nicht
umgeben von seltsamen Fetischen
die ich morgens und abends rituell schüttle
dieses blinzelnde Rieseln und winzige Rasseln
schreibt sich ein ins Ohr:
feines helles gleiches Geräusch
in vielen kleinen Teilchen
ich kanns nicht fassen
diese magischen Rasseln
machen nichts als Poesie
mein Ohr braucht seither
diesen Rieselfähigkeitsförderer
simpel gegen Verklumpung
der Gedanken
mein geistiges Morton Salt 1911
Rieselhilfen
wie der sanfte Walfisch auf dem blauen Ding
und eine Handvoll Steinsalz 200 Millionen Jahre alt
grob geschätzt glaub mir es kommt mir jetzt
auf ein Jährchen nicht mehr an

Geschenkt!

Salz ist körnige Geduld
das kristallisierte rosa Blut begrabener Riesen
die dichte weiße Musik der alten Meere
in prallen Adern

es bestürzt dich durch seine
zeitvergessene melodiöse
Unvergänglichkeit

letztes Geschenk
eines denkenden Urmeers
das 200 Millionen Jahre
vor uns verdunstete

vor uns ver – duns – te – te

Fleur de Sel

eine kleine Dose erstanden
in der Camargue als körniges Souvenir
mit obligaten blassrosa Flamingos
in Les Saintes-Maries-de-la-Mer
zwischen meinen Gedankenzigeunern
den »Tau der Salinen« gewonnen – Salzblumen
gepflückt vom Salinenherrn in Aigues-Mortes
den toten Wassern voller Salzblüten
im Sommer wenn der Wind
aufhört zu reden
und Abermillionen von Salzkristallen
die Wasserfläche beziehen
hier zieht sich das Meer
seinen Brautschleier übers Gesicht
deckt sich mit Salz gibt sich zu erkennen

der Gärtner lauert auf den Moment
und pflückt rasch
das listige Geschenk
eines salzlustigen Meeres

Liebesbeschwörung

salb mich salz mich
halb mich, halb dich
halt mich – kalt nicht –
küss mich
iss mich
vergiss mich
(nur nicht)
vermiss mich
salb mich salz mich

Conjuration d'amour

salve à toi ! sale-moi / moitié moi, moitié toi / viens, toi – tiens-moi – / embrasse-moi ne te lasse pas / ne m'oublie pas / et languis-toi de qui de moi / sale-moi embaume-moi / cale-moi rafale de toi / raffole de moi

hâle-moi soleil de toi / ô sel de moi / salifère toi / salière moi / saline toi / câline-moi

Salzige Herzstürme

Tränen gibt es in der Vereinigung,
sie sind der Schweiß der reinen Seele

Sufi-Meister

wer ohne Salz ist
werfe das erste Korn
wer nie sein Brot mit Salz aufaß
der kennt euch nicht
ihr himmlischen Nächte

warum sind Tränen salzig
Blut und Schweiß und Meer
nicht bittersüß?

was du liebst zuckre nicht
besser lieb es lieb es besser
salz es und behalt es
(süßer neuer Stil)

sie schworen sich das Salz der Treue
und genossen es ganz ohne Reue

Salzzauber

als seine Kerze erlosch
schrieb ein portugiesischer Dichter
sein Gedicht im Licht
der Augen seiner Katze weiter
ein liebliches und feines Licht
(aber manche glaubens nicht!)

salze die Kerze!
salze die Katze!
dann stehst du hundert Jahr
im Licht!

Salze einen Brunnenrand

Hirten fanden dich, lasen dich auf ohne Hände,
kochten dich ohne Feuer, aßen dich ohne Zähne.
Mitten im Meer hatten drei Jungfrauen
einen Marmortisch aufgestellt:
zwei drehten ihn, eine drehte ihn zurück.

Marcellus von Bordeaux, Über die Heilmittel

vergiss nicht
wenn du aus der Miethöhle trittst:
immer Salz in der Tasche!
(macht den Zauber der Feen unschädlich)
salze einen Brunnenrand
salze das mobile Telefon eines zerstreuten Gottes
salze das süße Barthaar deiner Tänzerin
salze das Lexikon der unnützen simpelsten Dinge
salze immer deine Träume geh aufs Ganze
tanze! balze! salze!

Kein Gedanke ohne Salz

wenn der Kelte Hall sagt meint er Salz
und Schall und Schwingung
der Römer hat es mit der Sonne
Sal kommt von Sol
Sole ist flüssiges Sonnenlicht
Kelte zum Römer: brauchst du Schwingung?
Römer zum Kelten: brauchst du Flüssigsonne?
Halit ist schwingendes Licht
wer den Mangel hatte dem gab man Hall
das macht die Poesie genauso

Salzkörner würfeln um uns
jedes Korn voller Lichtquanten
pure Energie und ein schlichter Chor
aus Ionen

wo Hall ist ist das Salz der Fall
Salz ist Gedanke! danke!

Poeten sind Salzsieder

sie brauchen nichts
als das üppige Holz der Phantasie
erhitzen den salzigen Strom
in ihren dunklen Solepfannen
den oberen Windungen
sie lassen das Überflüssige verdunsten
schaben das weiße Gold der Erinnerung
heraus und raffen die Bilder
sie sind Hellseher und Hallhörer und Schwarzfahrer
der Weltpoesie voller Geisterstimmen
salzig – rauchig – rau – nicht halb
so süß

das Urmeer der Poesie
hinterließ dir diesen Salzstock
unverderblicher Bilderkristalle
der Salzbergwerker löst die Brocken
der Sieder gewinnt sein
persönliches Salz
selber Kristall!

Telegramm an Audhumla

dein isländischer Stall
ist ein Buch das am liebsten
in den Mündern wohnt

Bücher sind Ställe aus Stille
voller Salz tierischer Wärme
und leckender Zungen

leck mich! leck mich! – bleck die Zähne –
heraus-aus dem körnigen Block
lass mich eine winzige Seele werden ein
wirrer Schmetterling ein zartes Ding
im Fleisch das einmal flattert
und sich aus dem
Staub macht

aber ich bin im Meerblut
im Salz (bis zum Hals)

leck mich! leck mich! heraus!
die Welt entsteigt deiner Zunge
süßes Himmelskühlein

Audhumla: Ur-Kuh der nordischen Mythologie, erschien als erstes Tier aus der gähnenden Leere Ginnungagab, als aus dem Treffen von Eis und Feuer der tauende Urreif hervorging. Sie leckte Buri den Gebärer, der die Götter gebar, aus einem eisigen Salzblock hervor – am ersten Tag das Haar, am zweiten Tag den Kopf, am dritten Tag den Rumpf. Und so ging es weiter.

Nichts als eine Mücke

eine Mücke schwimmt im Toten Meer
fühlt sich wie eine Robbe schwer
oder leicht? Wie leicht? Vielleicht
dass sie kein Ufer mehr erreicht

Sokrates schwimmt im Toten Meer
ganz leicht und hört Gesang von oben her.
Den Becher würd ich lieber nicht trinken
sondern gleich ganz im Salz versinken

aber er wird husch-husch wie eine Mücke leicht
er ist ein Salzkorn das vielleicht
die Welt doch noch erreicht
er macht aus Salz Philosophie
und Nonsens? Niemals! Nie!

Ohne

was ist die Welt ohne dich
was wäre die Welt ohne Nichts
ohne Salz ist kein Licht – sss!
was ist ich ohne dich
was isst du ohne mich

oh! auch mein Herz ist eine Bohne
es schlägt ganz völlig ohne
mein Zutun das ist die Krone
wilde Amazone
ich will dich dich meine ich
Salzigsüße ohne
alles Nichts
Alles! Nichts!

das Sein ist die bittre Zitrone
ohne alles ist nichts ohne Ohne

Salz locken alle Spione
des Seins zweifelsohne

ich flieg in der Luft als wilde Drohne
überm Leben weil ich nur dort wohne

Nochmals Ohne

ich bin nichts als das Lied eine wirre Kanzone
sie ist alles und ich ohne sie ganz? Oh – ne!

ohne Salz ist kein Licht
bleibt nicht ganz was nicht bricht
ich mag das Wort ohne
es ist so gänzlich völlig
ohne
Alles oder Nichts
ohne Mangel
schon seit langem

aber bitte bitte verschone
mich vor der Krankheit ohne
dich zu sein ohne! Oh – ne!

Wieder Ohne

vielleicht nur ein Bild die reine Ikone
ich will niemals nichts und sicher nie ohne

Gott sieht nicht alles wie eine Lebenddrohne
ich liebe die Wüste nicht die mystischen Skorpione

ich will dass er fernweg anderswo wohne
als schwarzes Loch als Neutronenkanone

das All ist die Vielfalt niemals monotone
Rumpelkammer eine platzende Patrone

ich will doch nichts und keine Sermone
Propheten nicht sesshaft viel lieber Entflohne

von jedem trüben Gott gibt es heute schon Klone
ich wär am liebsten frei davon und ohne

ob sich das Ganze wirklich lohne
lieb ich den Mangel aber wirklich ohne

Gott ist ein rosiges Nichts und nicht die Bohne
jede Wette verloren! es geht auch ohne

Ursprung des Lebens

ein Ei schwimmt im Toten Meer
es geht nicht unter – bitte sehr:
Ich bin der Ursprung des Lebens
also schwimme ich hier
bestimmt nicht vergebens
im salzigen Fruchtwasser
der Welt

Und ich?
Ich liege bis hin an den Hals
in diesem zarten zarten Salz

Ja! ich bin aus Salz und nicht aus Lehm
ich bin Salz (liebend unbequem)
ich brenne und reife
ich bin nicht Adam
ich stamme nur aus seiner Zunge
der Schnalz-Laut
ist meine Salzhaut

Blutsverwandt

Unter meiner Haut liegt ein Meer
über dem sich Regenwolken ballen

Sufi-Meister

das Salz lebt gern in unsern Adern
wir träumen weiter gern vom Meer
weil unser Leben fließend ist
und Salz bewahrt
wo? in der Wahrheit? wo?
ich habe das Rauschen mit deinem Meer
im Ohr gepaart
das Rieseln des Blutes des Salzes
leise rieselt das Salz und die Sucht
nach dem Meer

Blutsverwandt Zwei

Blut ist die Verwandte und Variante der Meeresträne
im Lauf der Äonen wurden
die Meere salziger und wir nachdenklicher
zerbrechlicher ironischer
mit denselben 84 Elementen
sind wir selber eine vergessliche Würze
der Ursuppe aus der alles Leben
entstand
wir sind ihm
blutsverwandt

und die Quellen rieseln mir
nächtlich ins Ohr
närrisch ins Ohr

Salzige Stimme des Blutes

Ô que ma quille éclate! Ô que j'aille à la mer.
Oh soll mein Kiel doch bersten! Dass ich vergeh ins Meer.

Arthur Rimbaud, Le bateau ivre

die von der Meeressehnsucht spricht
von der Salzlust
ich hörte es zischen und gischten im Nadelöhr
ich lag einmal von mir fast vergessen
in Schottland in den White Sands of Morar
und schaute auf das wilde Meer
wie in einen halbblinden Spiegel

in das Bildermeer eines winzigen Buches
(es war Rimbauds *Eine Zeit in der Hölle*)
das in einer salzrauen Sprache
sich frech an meine fünfeinhalb Liter
poetisches Blut
wandte das erste Mal in der
Macht des Meeres

das erste Mal Salz gespürt
auf Nase Mund und Lippen
Salz zu Salz!
ich löste mich allmählich auf
wurde Salz und Bild
und bin es noch heute

nur so wurde ich nur so ein
Lallen ein Rieseln
ein Salzkorn

Hörsturz

Nebennierenrinde

Infusionen sprechen eine gleichgültige Sprache
tröpfchenweise: o Mutter das Hormon
der Nebennierenrinde das Korn der Gedichte
mein Ohr liegt quer in den Laken
von nichts als Poesie

gehätschelt von irren Schwestern gnadenlos
im Krankenhaus der Musen?
unterm Dach umstellt von
den Nebenmedikamenten des Himmels
(Decortin & Trental & HAES-steril?)

und schwöre dir die Ohren
voll! mit Tönen
aus Kanun und Halile und Ney

Herz-Derwisch

dann begann es seinen Wirbel
ungefragt es stichelte hüpfte pampte
so dass ich ans Abheben dachte ans Flügelbekommen
so flirrend mit Zeug durchblutet dass es sich betrank
mein Ohr

achte nicht auf mich! sagt der Tod
lass dich nicht abhalten!
tu so als gäbs mich nicht
nicht mal quer nicht mal im Traum

sorgt sich jede Reue
noch um das erwachsene Herz?
Steinzeit im Ohr?
fransende tötelnde Metro-Süße?
die stammelnden Orakel
irrer Farne und Fasane?

Leuchtendes Ei

der Tod ist scheinheilig über mein Ohr
geflogen hat leuchtend ein Ei abgesetzt
eine rauschende Verwechslung
jetzt glänzt ein russisches Märchen: vom bösen
Zauberer *Koschtschej*
überm tauben linken Mond
ein Wolfsjunges eine Krähe ein Hecht
flüstert mir was zu mit grauen Lippen
was ich schon nicht mehr …
hörst du Hörsturz

Wo ist dein Tod verehrter Kosch? Im Ei!
jedes Ende erfindet sich
möglichst früh die Geburt

Kradem-der-Welt

komm schon Stimme fernmelde dich
sprich in den mobilen Hörer der gottgleich nackt
auf dem Küchentisch liegt
lûte dich heiteriu stimme daz dich die
unmüezegen vernemen
welche Unruhigen? wer wenn du wie ich?

geh schon hervor süßer Ton
ganc her vür süezer tôn daz
die vernemenden dich loben
winde dich: heb dich auf: wirble mit deiner Stille
bring die Welt zum Schweigen
allen Krachradaukrakeel
hebe dich wünneclicher clanc daz dû
gesweigest den kradem der unsaeligen welte

wo nur wo? am Fuß des Heiligenberges
nû hebet iuch heiligen noten der
wünneclichen musicae
also Jubel komm schon süßes Bräutchen
mach mir deine Spur ins Ohr
sing mir was vor mach schon komm
hebe dich ane heiliger iubel des
wünneclichen brûtsanges

tropf herunter Konfusion
aus dem Hormon der Nebennierenrinde
kum genuhtsamer tropfe des êwigen touwes
daz dû geviuhtest daz dürre gelende
mînes innern menneschen
ewiger Tau? für immer taub?
das dürre Gelände? meines inneren Menschen?

Gestöber

warum stirbt es mit Mutter so oft
mir im Ohr was wollen sie mir sagen die Stimmen
im Schnee der Dolomiten zwischen alpinen Zähnen
und den italienischen Kehlen der anderen Vorfahren
Einundauswandererseelen
von denen ich wenig weiß
im Gestöber all der anderen Leben
hinter mir vor mir alles
was ich noch krächzen kann Krähe

sischmer alles eiding obilach odersing
hanes härzeli wienes fögeli dorum liäbeni so ring
hanes härzeli wienes fögeli dorum liäbeni so ring

Cos'è successo caro mio?

Fernseher vornübergekippt
den Rücken gegen den Regen geöffnet
als fauche es dich an dein
eigenes Herz!

Alles ist früher

ich habe Glücksfälle für dich
erfunden Unglücksfälle Abbruchhalden
da liegst du rostfrei inmitten aller
Herrlichkeiten totgeglaubter Zufallsparadiese

Maibanner

nur eine Klappe schließt nicht richtig
die neugierige Infektion der Kindheit
von den Mandeln heruntergewandert
ins Herz in den Stamm alles ist früher
schält sich kleinlaut heraus
jetzt ertrinken wir im Müll
ein italienischer Opernkomponist bestreikt
unsern Abfall die Ratten erobern
Mannheim nur Giftfallen helfen nicht
siebenhunderttausend Nager
in der Poesie herrscht Notentsorgung
Sperrgebiet aus Vogelseuche
Abbruchhalden Hörstürzen

(zu lange an verrotteten Essensresten
in überquellenden Mülltonnen gelabt!
nichts als Poesie
im Hörsinn des Herzens)

Judas-Evangelium: das Ohr
es tropft sein gnostisches Buch herunter
ins verratene Ohr? Verräter-Ohr?

Verräterglück! unverrückt

Kanalsystem

der gut gedeckte Tisch bringt die explodierende
Population im maroden Kanalsystem noch nie
hab ich mit dem Ohr so genaue Gespräche
geführt getadelt geschmeichelt
komm als Musik! als Müllvermeidung
als phantastische Liebe im All
duwortkehrum: in die Musik

Gedichte ihr zarten Kosaken hört her:
eine Welt kopfunter
stürzt sich jubelnd
in den musikalischen Müll der Zukunft

Sudden deafness

Hörfetzen dringen noch herein unter
den vielen Ratten eine einzige von ihnen macht
achthundert Liter im Jahr mein Ohr
liegt unterm Müll begraben *sudden deafness*
wie soll ichs nennen ich hör der Welt
nicht mehr ganz zu gehör
ihr nicht mehr völlig fremd zu sein
unter soviel tropfenden Sternen
gieß mir Licht ins Ohr Eriugena

Heiligenberg

dass er im Ohr
sein dumpfes Eiskristall nicht schmelzen lässt
die Ratten der Müll der endlose Winter
sie kriechen als schrilles scherbelndes Trio herein
ins neue Heimwerker-Revier am Fuß
des Heiligenbergs und sirrend dagegen
Joseph der Träumer als winzige Fliege:
Ich-fühle-immer-öfter-Müdigkeit

Katzenmusik allüberall links
von verzweifelter Liebe und einundzwanzig
Jahren den Jahren im Sieb
ein Rinnsteingrübler schreit wie von Sinnen
ich bin das Nichts und der Säulensteher!

Gleichgewichtsprüfung

brainstem electric response audiometry
und Gleichgewichtsprüfung ob die Welt
im Gleichen sei im Gewicht:
bloße Erinnerung an das plötzliche Aufblitzen
der Glühwürmchen überm etruskischen Gebüsch
eine unsichtbare Hand dirigiert sie
in diesem Lichtkonzert
ohne jeden möglichen Sinn
aber froh sind sie zu leuchten wenn du wie ich

Nonno

ich sah meinen italienischen Großvater
wiederauftauchen nachts
den Fuß auf der Kloschüssel
seine Asthma-Zigaretten inhalierend
mit diesem scherbelnden kalten Geruch
süßlich und abgestanden
von Abessinien Blutkrebs und zugereistem
Maurerhandwerk

dem Schlafen auf kaltem Fels kaputten Nieren
und einer unglaublichen Reihe unglücklicher Ehen
aus nackter Eifersucht und Dauerverrat

ich grüßte ihn durch den Ohrgang
sah er mich aber verwundert an!
und warf den Stummel in den Strudel
meiner Cochlea

Auswanderer-Gen

heute nacht wieder Großvater
schlohweiße Riesenmähne
gibt es Löwen in den Dolomiten? wieder
Verwunderung warum das und keine Mauern? Charles' Vater
sagte im Scherz wohin wandern wir als nächstes aus?
das Merkwürdige daran dass eine dieser Ratten
Gedichte schrieb ich hatte lange
das Auswanderer-Gen aus Auronzo-Misurina
und Cremona auf der anderen Seite
nur keine Geigenbauer! simple Schufter
billig zu haben für Brot
die Schwiele und Rauch aus Abessinien

Süßer Akzent

aber das Herz
dachte an seine allermeiste Verbindung zum Ohr
die Töne gehören doch garantieversiegelt beiden
am schlimmsten deine Stimme
nicht mehr zu hören
den süßen Akzent
also hab ich mich dabei ertappt
dass ich krächze und knurre
meine letzte Muttersprache
spreche aber mit einem irre übertriebenen
fremden Akzent der mich an dir so rührt
dass ich in sterbensfremden Bahnhöfen
von Allerleistädten wo du nie warst
mich umdreh
kommt er irgendwem aus einem
hautwarmen Hals

ich treib ihn auf die Spitze
surre ihn schnurre als wären
die Konsonanten Saiten
eines kitschigen Katers
ich brummle und verführe die Luft
sich aufzugeben
(aber ich höre mich kaum selber)

Aber dein Planet der Liebe

versorgt mich mit akzentbunter
Stimme einer verständigen Luft
und dem katzenschnurrenden Vibrato
Schwalbenflüstern der Zunge
sei getigert mein Planet der Liebe
lass mich dich frohbewohnen
hör nicht auf mir übers Ohr zu fliegen
segnend segelnd
einundzwanzig Jahre!
wir wellen kôsen von
deme oberesten liebe
der meisten genâde
der ruoweclichesten süeze

als wären pelzige Konsonanten
tierwarm im Käfig im Kehlkopf
eines uralten krummen Katers
stumm von der Krankheit
ohne-dich-zu-sein

Lappen

Lappe die Leere liebe die Lippen
lass die Lasten wo dem Ohr heb dich
Lefze labe mich aber ich lappe
Ich Aber-Lappe
komm

ich bin mein Rentier
im Schnee meines wirren Innenohrs
wer weiß wo es endet

Cochlea

süße Gehörschnecke
mit deinem jubelnden Akzent
Cochlea zarte Bürste
wird die Basilarmembran
– was du für wunde Wörter hast –
an den Orten in Resonanz

süezer ton – wünneclicher clanc –
versetzt übers Trommelfellchen übers Mittelohrknöchelchen
– alte Lust an jeder Verkleinerungsform des Lebens –
werden Schallwellen auf die irre Flüssigkeit getragen
– Jenseitsbad noch ohne: Musik –

innere Haarzellen nehmen Bewegung wahr
– bleib noch wenigstens bis heute abend –
übertragen sie in Nervensignale
– deck uns zu mit deiner Verschwörung –

hohe Töne gleich maximale Erregung
– trag mich fort viel weiter: fort –
an der Basis der Cochlea
tiefe Töne dank Berührung
am Apex wahrgenommen
– nichts als eine Stimme ist mein Zelt –

Hotaru

Für Bruno Ritter
Freund im Bergfell berghell Bergell

Vorflug

mit der melodiösen Regenzeit torkeln
die Leuchtkäfer herbei
dann werd ich wieder ein junger Japaner
ich brauche nichts als die Verjüngungskur
vielleicht von Licht vielleicht von Versen

fürs ewige Leben ist alles etwas knapp
ich träume jetzt von einem Clanbüfett
mit Leuchtkäfern japanisch HOTARU
da versammle ich meine Malerfreunde
und schenk ihnen die Saftmäuler voll

ein Leuchtkäfer-Dinner zur Jahresmitte
kommt gerade recht zum Leuchtfestival
das ich mir hier oben am Hügel herzaubere
der auch ein Graben ist eine blaue Grube
ein luftiges Schandmal
HOTARU ist wie die Kirschblüte
irres Hochamt der Flüchtigkeit

von einem stammelnden Reisenden
der nie in Japan war
einem totgeborenen Greis
den Kopf voller kopfloser Schönheit

aber so lange zu leben! wie ein Kranich

Kopfkissenbuch

der Leuchtkäferjagd fehlt das Strahlende
einer Kirschblütenparty aber sie ist mir lieber
sie passt dir ins Gesicht o Gedicht
Schönheit und Perfektion wohne
für Japaner immer eine Traurigkeit inne
sagt sie: die Ahnung vom Ende
und da ich zeitweise einer bin
muss es wohl stimmen meine Reine Freude
willst du kommen und Leuchtkäfer sammeln
in deinen weiten Kimonoärmeln
die ich gern mit dem blauen Himmel verwechsle
mit deinem Augenscheinversprühen los gehts:
mit dem tausend Jahre alten Kopfkissenbuch

Sei-Sho-Na-Gon
auf und davon!

Regenzeit

Sei Shonagon schwirrt als Leuchtkäfer kopflos
von der Liebe besoffen durch die verblüffte Sommernacht
die schlimme Rivalin Murasaki Shikibu steckt
dem Lotto-Prinzen Genji eine Tüte HOTARU zu
soll beim nächtlichen Besuch
die schöne Tamakazura beglotzen

(lechzender Fernstecher!
lippiger Himmelsvoyeur!
Lichtleser! Trostversprüher!
Lichtschratt)

HOTARU Keuch-und-Fleuch-Festival
kardinalsviolettes Manifest der rasenden
Vergeher und Abgänger Leuchtkäferchen
die nichts als wir sind
mit der Leuchtkäfersaison werd ich wieder
der jubeljunge Japaner von morgen
probe die Schrift der Anarchie im Fliegen
Tanzen auf Müll
Kehrichtfutter

Seelenrinde

Abend an dem sich der erste Leuchtkäfer
auf meine letzte Kinderhand setzt
bohrt sich tief in die scheue Seelenrinde ein
sie leuchten deuten damit ihre Bereitschaft
zur Fortpflanzung an o ja!
die schlanken langen Dinger
riechen stark werden knapp zwei Wochen alt
frühreife Mini-Greise! Ritter-Sport!
fürs ewige Leben im Taschenformat
viel zu kurz viel zu lang
her zu uns

noch stelle ich HOTARU-Scheinwerfer
her erotische Mundmusik
um ihr Gesicht zu bespielen
das von den leuchtenden Käfern
ihres zarten Pupillenzirkus
besser erhellt ist
als all meine irren
Seelenmessen

Kyoto-Heian!

Glotzäugiger Horizont

die weiten Augen der Ärmel
des Himmels-Kimonos der Liebsten Blüte
sind die besten nassen Netze!
ich singe in Fetzen!

(ein Krieg zerfetzt das Kopfkissenbuch
es besinnt sich steigt aus
den Löchern im Himmel wieder auf)

das irre Leuchtkäferchen-Pärchen
schnurrt das Licht vor und ab
meine Reine Freude
schenkt mir einen halben hinreißend
glotzäugigen Horizont

Betteln erlaubt! ist ein Menschenrecht!
die Schönheit verdient jede Träne
lässt uns hochverschuldet zurück!

Stille Zeichnungen

Vorhanglippen!

in allen Wülsten spielt das alte Drama
du kommst wie ich von dort von wo?
DAS LEBEN STIRBT NICHT
in den kleinen Schleimhaut-Teichen
dem Hinterhalt der Lippen
dort wühlst du konzerthaft
in jeder Falte schläft dein Rembrandt

OHNE SCHAM macht dort die Stille was sie will
sie keucht sie dröhnt gern wo sie muss
dort drüben flackern Stimmen? ja doch jetzt

sie schlagen für uns Nomaden der Zunge
Zelte auf hinterm Horizont

Graffiti raffen uns an den Rand umgeben uns
mit dem Gürtel aus ROSIGEM NICHTS
entwischt dir jemand hinterm Vorhang?
die Königin des Verschwindens? wie sie lockt!

beug dich husch-husch über ihr Röntgenbild
bevor es verblasst
der Vorhang ist heiß

bestürzendes dunkles Matriarchat!

Richtig zauberhafte Hitze

bestimmt stammt sie auch von dort
nicht vom Rand der Jakobsmuschel
eher Nussbanane gerippt wie ein Südseekahn
sie kommt wohl gerade zur Welt?
erstmalig oder neue Geburt

schlägt sie die Augen auf (sehendes Zelt)
kriecht sie rücklings rein oder kommt sie heraus
verschmilzt mit der gerippten Frucht?

eine richtig zauberhafte Hitze
verplappert sich draußen
vermutlich das Summen der Bienen
wenn Vergil sich zum winzigen Schläfchen
in die Wiesen traut das Honigkraut zu lecken

das Ohr spannt zart das Segel
nichts als Stille?
Genug! Schschschschschsch!

Händedruck hartaberzart

was die uns alles aufgeben
sie wollen doch was
aber von uns? Spinnen in der Stille ihre Fäden
die Luft ist Spinnrad
sie lassen uns lechzen bis zum letzten

fällt der Pinsel aus der Hand bleibt noch
die Stimme
fällt die Stille aus dem Mund
bleibt immer noch die eine Hand
zum Horizont zu zeigen
wo es weiter geht

(er lässt die Farben sich aneinander
reiben schürfen sich verehren verdammen
erhöhen und niederstrecken
bis sie stammelnd
ihr vernarbtes Glück hergeben)

Ikarus stürzt ins Bergell

wir stürzen ohnehin einmal zweimal? alle jetzt
aber unsterblich? Schafe in Brunos Bergen
bergellen um uns bis zum Rand der Ohren
Stille ist voll vom blauen Himmel
die Berge angefüllt von nichts als Stummsein

dann diese richtige Sturzgeburt
warum schmilzt das Bienenwachs
so rasch am Sonnenglas?
Ikarus will hinaus aus
dem enger werdenden Fenster voller Erde
landet aber heftig auf dem
Bett Bergell wo meine Stille haust
ja die Stille sie!

ich flicke stumm jetzt ihre Flaggen
ich darf nicht lange fackeln

wer nie wegfährt kehrt nie wieder
o schmelzendes Bienenwachs
ihr geflickten Flügel

O Ikarus!

Der Mond schaut quer

er spricht vom Gott der Taugenichtse
Schlieren in seinem Auge
Gepresstes längst Gelebtes
Verschwiegenes Verschiedenes
aber sichtbar für immer abends
wenn du den Blick auf den Himmel
und er auf dich …

die Stille aber sagt
mit ihren müden Lippen »mmmmm«
ich war doch einmal sie nur sie
jetzt lässt sie mich schon nicht mehr los

wir gehen nur nachts zur Schule

Judaspferd

Nüstern

Nevada-Roundups zwanzig Meilen über
die verstörte Steppe gehetzt
vom abgerichteten *judas horse*
fliederzarte Nüstern robuster
Mustangs Musenpferde

Poesie heißt das Gewitter die musikalischen Lefzen
in den Verschlag gelockt das Leittier schleust
das Wilde das Pferd ins Gehege der Gedanken
die Musik der Steppe letzter
Ausgang Blindheit

Hubschrauber zittern scharfe Hornissen
lotsen es weg in das schwarze Nichts
von Adoption und Abdeckerei
die Zeit deckt es ab der Morgen
ist der Schlachthof
soviel frostiger Schweiß und Angstgetrappel ringsum
Säure Pferdeschweißbeize im Wahnsinn

also Himmel!

Für immer schlaflos

forever young für immer schlaflos jedesmal
wachen die Wörter auf vom Hirnlaub und Hufgetrappel
bleiben draußen unterm schmelzenden
Dach immer kleiner werdender Himmel

so husch-husch lässt du dich nicht
einfangen Brummelgeige!

sprich nicht mit vollem Mund leeren Herzens
hör nicht auf mit erregtem Ohr
im Lichtschacht zu stöbern
die schieren Ekstasen zu falten auszuhalten

sei gut zum Fluss dann wird
er gut sein zu dir
sei streng zur Poesie
dann wird sie dich wiederlieben

leb kettenlos dann wirst du weitergeistern
heiter scheitern
Judaspferd!

Das Eis der Freiheit

es heißt der Preis der Freiheit
ist das Eis der Freiheit
der Leithengst bläht die Nüstern
es hilft die Zeichen zu lesen zu lecken
die Lefzen zitternd im Gegenwind
ein kurzes Warnsignal schnaubt hinaus
in die öde Nevada-Weite
mageres Wüstengras Gestrüpp
Disteln wenig Wasser scherbelnde
Backofenhitze und Klirrefrost

das ist die harsche Welt der seidenen Nasen
weg vom Wasserloch wo es geknarrt hat
aber die Liebe bleibt und Armut
füllt den Raum der Nüstern
leichter den Mustang aus der Freiheit
zu holen als die Wildnis aus dem Wildpferd
die Federn stellen sich halbschlafend schlau!

wer noch kein Pferd ist wird es werden
<mustang> der Zunge
<tang> im Meer ungebändigt Laute
Moschus – Muskat
Zungenmustang

Sprechnixe

ich sehe dich noch jetzt durch dieses grüne Wasser tauchen
das rohe Gelee beschlagener Kindheit
Erinnerung mit Lichtblitzen
am Grund Abgelegtes kindliche Algen
von der nichtigen Schönheit die verletzt
im leichten Eintauchkörper

die zarten Falten aber reimen heiß
im bibbernden Glas! wie nahtlos!
du zitterst tiersanft beim Auftauchen
wie viel Freiheit immer unverdient

aber der Himmel ist doch auch nackt!

das Nomaden-Aquarium ist fix und fertig
vom bloßen Zuschauen gelöst
in betörend rauchigen Stimmen
irrer Renaissance-Poeten
die unter Wasser rauschen

und meine Grille bricht sich fast den Bogen …

Grillen im Zeug

in einem frühen Gedicht wusste ich es noch
es wusste mehr als ich es wusste mich doch

sie nehmen die Brücken ab wir haben uns
schwimmend erreicht

also glaubten die Grillen lallen zu müssen
keine Kontrolle mehr im bloßen Atem
die Schleusen öffnen in der Luft

taumeln besser flüstern
wird schon komm doch
gib einen Hauch einen Laut
wird schon komm doch
verwöhne dich mit
dem grausamen Buch der süßen Wiederkehr

sprich es aus
wird schon komm doch
solang es geht

Das kurze goldene Gen

ich köderte die Königin der Schlaflosigkeiten
ich hörte sie auf die gefrorenen Sterntasten hämmern
mitten im Dampf: der Angst der Jahre

das wiederkäuende Monster war morgens drei
nicht mehr zu verscheuchen
also versuchte ich ihm was vorzuschluchzen

die Rindenrolle der Freiheit
spricht vom kurzen goldenen Gen der Angst
im Fernhirn des Mandelkerns
altersweise Fingerkuppen
prägen sich den wahnhellen Jahren ein

der Himmel spricht noch!
aber von seiner Verarmungsangst

Spätes Kino

man müsste aus einem weinroten Gloriette
auf die Hauptstraße hinausschweben
die verregnete Nashornhaut des Kopfsteinpflasters
unter sich merkwürdig heiter gealtert
in einem unsichtbaren Film
durch ein plötzliches Gefühl
das jeder Stromableser leicht
mit Melancholie verwechselt

ein letzter Gang zum verwilderten Neckar
um dem unwahrscheinlichen Hochwasser
gekreuzter Gefühle ins Gesicht zu glotzen

die Dämonen der Kindheit spielen
mit den betrunkenen Brückenatten

Neckarwasser

die astronomische Einsicht
das Röntgenteleskop namens Chandra
trägt den Namen der Schwermut
der steht ihm wie angegossen
natürlich ist das nur ein Schleier von Staubpartikeln
Gasen dem Licht von Millionen von Sternen

was tun Gedichte anderes:
das bisschen Astronomie
mit der Grille zu kreuzen
dem Namen der Götter
dem Spielzeug des Homo Heidelbergensis
und den süßen blauen Flecken auf
den klugen Oberschenkeln

erlöst werden will hier
schließlich keiner mehr

Dieses für Nepomuk

die Erinnerung ist eine seltene Ruine
gezackt unter japanischen Blitzen
er aber unten einsam bei der Alten Brücke
der Heilige der Verschwiegenheit der Wassergefahren
leuchtende Leiche
Fünf-Sterne-Heiliger des Beichtgeheimnisses
sein Merkmal die rote Zunge die den roten Sandstein leckt
in die Moldau geworfen aus dem Neckar
aufgetaucht Brückenheilige sind Langschwimmer
fünffach besternt:

solange hältst du auf die Brücke zu
bis sie dir in den Rücken fällt!
solange hörst du die Beichten
bis die irren Brücken fliegen!
solange leuchten fünf Sterne
bis der Wunsch über die Ufer tritt!

Holunderfremd

I

aus der Familie der Moschuskrautgewächse
ich bin der Zwerg-Holunder
der Zwerg-Holder Shareholder der Poesie
ich liebe botanisches Kauderwelsch

Holunder-Holder gesägt unpaarig gefiedert
die Blütenstände schirmtraubig oder rispig
was aber von ALLEM ist Hölderlin?
irre lallendes Material
zur Herstellung von Flöten

Holunderblut färbt das Handgelenk
Holderblüte denk mich lenk mich denk
dir halbierter Hölderlin gehälftetes Leben
Halbblut-Grieche Heilbutt
Halb-Hölderlin Selbstinsulaner wo fliegst du hin?
salb Hölderlin mit dem rosigen Nichts im Sinn

2

das zarte Kauderwelsch der Poesie magisches
Plappern süße Klappe botanisch!
so schön dass sie sich herabsetzen lässt
um aufgehoben zu werden

unbändige Wuchskraft
Anspruchslosigkeit braucht keinen
vornehmen Boden (ich wachse auch
neben der Müllhalde)
nicht wählerisch aber
Erinnerung an das Mark der Kindheit
das wir herauspulten
Baum des Verrats an dem Judas sich erhängte
Holunder-Tor zum Jenseits
Peitsche des Sargkutschers: aus Holunderholz

3

Hölderlin: Sonderform des Holunders ausladend
wachsender Strauch am Waldrand des Verses
auf Strophenwiesen in Rhythmusgärten
die Früchte unbearbeitet nicht genießbar

aber gesund!
mit hohem Anteil an Pindar-Vitaminen
griechisch-ätherischen Stoffen
geeignet für Hyperion-Sirup
Hymnen-Tee Oden-Schnaps

selbst die Blüten nutzbar
wenn sie bluten
unbearbeitet ungenießbar eben
Poesie

komm schon süßes Bräutchen
mach mir deine Spur ins Ohr
sing mir was vor mach schon komm!

die Stadt wo man lebt ist die Stadt wo man strandet
bewohnt habe ich immer nur eine Stimme
sie ist ein Zelt: wo alle Nacht sich verkriecht
lass ich für dich schnurstracks! Herzblut blühen

*

sie ist eine japanische Briefmarke bleich geworden
von Fotografien abgeleckt von polyglotten Zungen
entzückend in ihrem dauernd spürbaren Schrecken
so furchtbar einmalig zu sein

*

kaum gehst du hinaus klebt Poesie an den Sohlen aus Licht
hier kommt kein Hölderlin ungeschoren davon
sie vergisst allzu glücklich husch-husch jeden Eremiten

*

wer die Stadt bedichtet wo er strandet ist verloren
das Weltall soll sich bemühen ihn zu
ködern tut es auch!
bestechend süßes Chaos
voller zarter Ruinen und Rippen
gesprengter Pulvertürme
Riesenfässer voller ungezügelter Einfälle
aus den Brandschatzungen der Poesie

*

die Stimme – Bastard und Schiffsraum

Träumer sitzt im Farnkraut und liest die Zukunft

I

nur das Meer weiß nichts von den Imperien
es ist sein eigener König
die Zeit wird zum kalten Pelz!
im Exil stammelt der fiebrige Moses
von seinem Träumer

der Ostküsten-Pharao spuckt Gold und Galle
sieben Kühe malt Joseph und Flugzeugwracks
einstürzende Leuchttürme löschen die Nacht
wirre Schönheitschirurgen wollen die Welt noch retten
berauschte Uhrmacher flöten im Traum

stehen auf fristlosen Eisschollen mit zarten
Selbstmörderinnen an der Hand
Pythien der neuen Zeit

2

der Hudson spiegelt sich in der zitronengelben Newa
die rohe salzige Muse liest die frischen Handlinien
allerlei Wahrsage-Poesie!
Orakelnde Molluske
Heraklits Sibylle lallt aus rasendem Mund
Ungelachtes Ungeschminktes Ungesalbtes

sie lässt es dröhnen reicht mit ihrer Stimme durchs
Tausendjahr
denn so treibt der Gott sie an
zuckender Motor im All

der schamlose Träumer sitzt im New Yorker Farnkraut
und liest die Zukunft
wir haben das Rezept der Farnsamen
wir gehen unsichtbar

3

zarte Liebe weiß dass sie sich verspäten wird
sie nimmt ihm die Kippe aus dem Mund
zerdrückt sie im Plastik-Trinkbecher
der sich nie zersetzen wird

erneuert die Lippen für das neue Hörorgan
für nichts als die Stille gemacht
Joseph Paporotnik Farnkraut
draußen das Testament der Meduse
Zigarettendampf der Zukunft ätzt die Lunge
wie die körnige Sepia der Gegenwart

aber der Mund der Sibylle
flieht unter das gefiederte Blatt
in den russischen Schatten!

Peruanischer Schnee

ich habe so viel geschneit
damit du schlafen kannst

César Vallejo

I

Weihnachten geht das Gedächtnis über
den schneeglühenden Friedhof im Viertel
das mich bewohnte

ich jäte das Unkraut der unverdienten Liebschaften
harke die ausgestandenen Nächte
versehe die Gräber der gebrochen Geborenen
mit den Kieseln einer unerhörten Halbinsel

ernte das Eiweiß des Unsterblichen
die heillosen Orte gehören
abgestürzten Piloten Kardinälen
auf ihren Flößen aus Luft ihren Gräbern

den apokalyptischen zarten Musikern
des Nichts längs des Boulevards Edgar Quinet
jede Melodie kommt vom Pollen des Anderswo

nenn ihn Poesie nenn ihn posthum
ich streune auf diesem Friedhof aller Welt
vertreibe die Zeit die noch in der Krippe bleibt

2

es ist nicht Allerseelen es ist Lichterfest
ich stehe im peruanischen Schnee
am Grab des Dichters der löchrigen Lungen
der Malaria des Kerkers in den Anden
er teilt den Vornamen mit römischen Kaisern
dann ein Tal in Peru

ich habe so viel geschneit
damit du schlafen kannst

flüstert er mit azurblauen Lippen ich danke
drehe ab ins Viertel das mir fremder wird

die Perspektive zu kennen
hat doch früher auch geholfen

ich stammle: saug am Licht!
tagblinde Poesie!

Cotentin

für Antoine Jaccottet

I

vom Meer zu sprechen gedankenverloren von seinen
gehätschelten Gräsern den launischen Dünen
kamen uns die Muscheln nicht katholisch vor?

Sirenentäschchen rätselhaft in die Rochen
ihre eigene Zukunft verbergen
kleines schwarzes mattes seidenes
Postpaket mit vier Antennen
nur raus ins Meer …
Zukunftsboje Kleinformat

mag sein unser früheres Leben
wir sind kaum mehr als verblüfftes Strandgut!
begierig das Evangelium des Salzes zu lesen

das Meer spinnt einen Faden der die Bitterkeit verbietet
die Luft ein Hamsterrad in dem das Leben weiterdreht
wer den Sprung jetzt nicht schafft
kann sich für immer aus dem Blick verlieren

Cotentin

parler de la mer perdue dans les pensées / de ses herbes choyées des dunes lunatiques / les coquillages ne nous semblaient-ils pas catholiques ?

les bourses des sirènes mystérieuses où les raies / dissimulent leur propre avenir / petit paquet postal / noir soyeux mat avec quatre antennes / lancé loin dans la mer … / la bouée de l'avenir en miniature

qui sait ? notre vie d'autrefois / nous sommes à peine plus / que des épaves stupéfaits déposés là par la mer ! / désireux de lire l'évangile du sel

la mer tisse un fil qui interdit l'amertume / l'air est une roue de hamster où la vie ne cesse de tourner / celui qui ne fait pas le saut / peut se perdre de vue pour toujours

2

wo sind die Freunde hin von Schiffbruch
und Trümmerliebe zum Verschwinden
gebracht: was so ein Tod an Tagwerk schafft!

wir ließen uns heben von den Wellen wir waren oben
ließen uns – grünes Licht! – überrollen
gaben mit leichten heiligen Ellenbogen
der schwarzen Galle den richtigen Abschied
es war wie das Leben
es war wie in seltenen Büchern
sie hielten ihren Teer zurück

die Hauptstadtjahre die Lockstoffe
die letzte Rohrpost die
der Heilige Antonius vom Mittelmeer bekam
von der mathematischen Muse
mit dem Haar irrer Halbgöttinnen

où sont passés les amis / que le naufrage et les amours ruinées / ont fait disparaître : ce qu'une telle mort réussit comme travail quotidien !

nous nous sommes laissés soulever par les vagues nous touchions la crête / nous nous sommes laissés – feu vert ! – rouler dessus / avons donné avec de légers coudes sacrés / un bon adieu à la bile noire / c'était comme la vie / c'était comme dans les livres rares / elles retenaient leur goudron

les années de la capitale les appâts olfactifs / le dernier pneumatique que Saint Antoine reçut de la Méditerranée / de la muse mathématique / aux cheveux tressés des demi-déesses folles

3

mittags die einfachsten Dinge das Brot und
Blauschimmel der Philosophen
imaginärer Fischfang und nichts als Poesie
welche Provence hat uns damals erfunden?
der Wein geschenkt von Raimbaut de Vaqueiras
als hätten wir die entzückten Winzer
unter den Troubadours mit dem Himbeerblut gesucht

verfluchte Sehnenentzündung! die mich hindert
zum Horizont zu fliegen saure Launen des Lebens
mit seinen besten Momenten es spielt
verrückt! worauf du das Schreibzeug im Sand verlierst

wir reparierten das Wrack der Musen
ich fand im Schotter die halbe Jakobsmuschel
als hätte ich auf ein Zeichen gewartet
und die konzentrierten normannischen Sterne
entwarfen am Himmel andere Bücher

solange hältst du auf dein Glück zu
bis es dir in den Rücken fällt

à midi les choses les plus simples le pain et / le bleu des philosophes / la pêche imaginaire et rien que de la poésie / quelle Provence nous a alors inventés ? / le vin offert par Raimbaut de Vaqueiras / comme si nous avions cherché les vignerons extatiques / parmi les troubadours au sang de framboise

maudite tendinite ! qui m'empêche / de voler vers l'horizon caprices acides de la vie / avec ses meilleurs moments elle joue les folles ! / après quoi tu perds tes outils d'écriture dans le sable

nous avons réparé l'épave des muses / j'ai trouvé dans les galets la moitié d'une coquille Saint-Jacques / comme s'il y avait encore des signes / et les étoiles normandes concentrées / esquissaient dans le ciel d'autres livres

tant mets-tu le cap sur ton bonheur / qu'il te prend à revers

4

wie eine stammelnde Flaschenpost im Meer
ich hatte sein Salz erraten!
so nahm es leicht beleidigt seine Maske ab
die nackte Nymphe ganz in der Nähe
setzte uns ihre Hüte auf als wohnte sie
in der Passage des Begehrens aus einem alten Gedicht
die Hebungen der Poesie süchtig nach Verwechslungen
und eine Möwe schrie: ich bin Babel! hier ist Odessa!

während ein fahrbarer Lautsprecher für den Zirkus
am Strand warb wo wir als zwei halbgreise Seiltänzer
oder tiefrote Clowns genäht aus Scham und Kindheit
auftreten werden so wie alle oder dann

als Wüstenkamele jeder nach seinem Wunsch
im dankbaren Meer voller Fischseelen
pünktlicher Algen und vergesslicher Sterne
und der Schärfe des Dills
der die Zukunft meint
als ob sie von uns träumen möchte!

Zweitausendundneun:
das Glück wird deine Adresse finden
es geht schon jetzt auf leisen Sohlen!
es macht sich auf den Weg

comme une bouteille à la mer balbutiante / j'avais deviné son sel ! /
alors légèrement vexée elle enlève son masque / la nymphe nue tout
près de nous / nous coiffa de ses chapeaux comme si elle habitait /
le passage du désir d'un vieux poème / les levées de la poésie obsédée
par la confusion / et une mouette criait : je suis Babel ! ici Odessa !

tandis qu'un haut-parleur ambulant faisait la publicité du cirque / sur
la plage où nous étions deux funambules deux demi-vieillards / ou des
clowns d'un rouge profond cousus de honte et d'enfance / où nous
pouvions nous produire comme tous ceux qui veulent ou alors

en chameaux du désert / chacun selon ses désirs / dans la mer
reconnaissante pleine d'âmes de poissons / d'algues ponctuelles et
d'étoiles oublieuses / et le piquant de l'aneth / qui signifie l'avenir /
comme s'il voulait rêver de nous !

deux mille neuf : / le bonheur trouvera ton adresse / il marche dès
maintenant à pas feutrés ! / il se met en route

Schamanen fliegen durch die Luft (33 Pferde für Pech-Merle)

der innere Fluglärm wird schwächer
nur einer stampft heult singt
läuft dem Laut ins Messer
einer trommelt nach Träumen
in Pflanzensäften Lichtentzug
der innere fleischige Hub
katapultiert ihn über Pech-Merle
hinaus mit schwarzen Tupfern gefüllte
Pferde in meine Augen eingesiegelt

das Zungenzeug startet
lallt: wer fühlen will muss hören
Hände ich fliege
durch die Kapelle
hundertfünfzig Mammuts
als wären sie leicht wie Leuchtkäfer
an meiner Seite

so also bist du sagt sie: die Poesie ein Wollnashorn
Flug durchs Ohr
auf Klinge und Schleifstein
über Kohle und Pigment

der Herr der Höhle tätowiert das Wollnashorn
mit dem phosphoreszierenden Strichcode der Poesie
sixtinischer Kapellmeister über dem Wacholderfeuer
die fallende Kuh erschreckt dich
mehr als der Komet im Hirn

großer Lachs auf den Wänden der Höhle
jagt den Cro-Magnon mit Muschelschmuck
um den Schädel der Bereich der Angst im Hirn
heißt Mandelkern
was denn rief der kahle Kapellmeister
der Zikaden zornig: die schönen Fische fliegen dir
fett wie der Zufall um die Ohren?

Steinlampen in denen Tierfette brannten
in der Grotte der Wunder fällt die Wand
über dich herein
Versprühen der Farben mit dem Mund
gepunktete Pferde jagen dich durch die
Manganoxide des Herzens
die Lunge fliegt
als schlichtes Holzkohlestück

ein Menschenohr im Schnitt
zeigt damals-heute links
den prächtigen Gehörgang
das Trommelfell dröhnt von den himmlischen Schlägen
der Hammer lässt die Blätter flackern
den Amboss stillt zuletzt die Kuhmilch des Alls

der Steigbügel hebt dich ab
zu verworrenen Sternen
zwischen Schnecke und Labyrinth
fahr zum Innenohr
Tuba auditiva verbindet sich
mit dem Rachen der Höhle
aufgemacht!

zieh deine nichtigen löchrigen Lichtwesten an
setz dich ihrer unheiligen Verrücktheit aus
verjuble deine Restnutzung
Perlchen gerollt vom ewigen Wasser
jedes ein Leben für sich
singt das Wasser macht dich stumm
für die Reise durch die Blutbahn der Vorfahren
Vorfahrt beachten!

mit großen schwarzen Tupfern gefüllte Pferdeleiber
Radiokarbon bin ich schon fünfundzwanzigmal tausendalt
verblüffend jung festgehalten zur Zeit
als sie ausstarben
durch Magie zum Verweilen gedrängt
zarte Zeugnisse des Aufruhrs

der rätselhaften Ritzung auf die Schliche kommen
leuchtende Talglichter
Wisente Wildpferde
dein Schlüsselbein dein Schamhaar
schwarze Reisen durch die Wand
da drüben ist auch noch eine Welt
Wünsche rufen Gefahren bannen
eindringen!

Schamanen fliegen durch die Luft
Flugkünstler unterwegs zu den Geistern
O-Mensch mit Vogelkopf
V-Mann du selbst dir auf der Spur
denn so ist der auferstandene Leib leidlos
beweglich überall zugleich
subtil durch geschlossene Türen pfeilend
lichtig und klar ein nichtiger Narr

Lichtentzug Geräuschlosigkeit
Tänze und Trommeln
vor der lebenden Oberfläche
flirrende Vorhänge zur Geisterwelt
wir sind verschluckt und verwaist
mein Nichtwissen ist stark und blendend

auf Höhlenwänden versiegelte Handabdrücke
Hand! Hand! Hand!
an baumelnden Lebenslinien
Umrisse Negative
weiche Kontaktversuche
ja sie stammen von Frauen
alles Verlangen ist rein

Vergangenheit halb nicht vorbei
gestern brach morgen an
wirft eigenmächtig die Zeit zurück
als den bitteren Rest
o Allesverflüssiger der das Harte nicht bricht
nur selig sich lösen lässt im Licht

sie hatten in das heitere Zucken
der Sterne geblickt
sie werden dir nicht antworten bleiben
zurück das Wacholderfeuer weiß Bescheid
Vergangenheit tauscht keine Gesten
hebt keine Hand zum Winksignal
undeutbar die Botschaften

sie sieht uns verwundert an unvergleichbar
fern dir alles schuldig werden
dich für den Wahnsinnigen halten
erzählst du ihnen die Welt sei nicht erlöst
erst die Schrift kämmt die struppige Welt
nicht mehr lesbar vielleicht essbar
sie können sich nicht über uns wundern
und wir wundern uns nur zurück

aber sie hatten wenigstens ihre Liebe
das rosige Nichts
Minimalration an irdischem Glück
herrlich den Brotrest
die Lust auf der Zunge
die Haut unter der Hand
die Liebe machte sie klein
und den Unterschied groß
immer unerlöst und schwer geheilt

das nackte Leben ist die höchste Glut!
lass Termine platzen wie der Teufel
Wacholderherz! schrei bitter
halt dich an scheinheilige Schriften
der Kunst echter Küsse

alle Höhlen zur einen geballt
verwühlt vom Gedächtnis
man erkennt mich doch auch ohne Gesicht!
ich hätte gern mehr Augen! sagt sie
wär lieber mit dem Frost verwandt

wer nicht drei Körper hat
kommt nie durch dieses Nadelöhr!

Himbeerblut der Sprache

alle Sprachen untergegangen keine tot wir
nutzen sie eine Weile ab und schaffen neue raue du
wühlst sie um kreist besinnungslos
in ihr löst dich auf spuckst sie entzückt
wie den Traubenkern in den Himmel

aber wie kurz? du blätterst
träumend im Lexikon der untergegangenen
Sprachen jede Sprachflosse meine Zunge zerteilt das
vergangene Wasser abseits abwärts immer
entlang der Zeit zickige Sprache Zunder
Zimt ihrer Laute zarte Asche

sie ist wie die Himbeere will immer-gerne süß sein
dolce stil nuovo und ja doch bittersüß
wie Sapphos himbeerroter zarter Scherbenhaufen

aber liest du mit der Lupe: das Himbeerblut der Sprache
macht dich sprachlos die uralte Beere
ärgste Giftmischerin aller Zeiten mit mehr
als hundert verblüffend natürlichen Chemikalien!

(man muss mit Sprachen hadern die man liebt)

samt Cumarin dem Gift für die singende Leber
so eine Himbeere zu schaffen
mit Aldehyden und Säuren das Produkt
gehörte verboten! wer das Reine sucht
verfällt dem eigenen Gift

Laut einer Pressemeldung werden bis zum Ende des 21. Jahrhunderts neunzig Prozent aller heute existierenden Sprachen verschwunden sein. Keiner weiß, wie viele in dieser Zeit in den Büchern der Dichter entstehen werden. Oh Babylon!

Lob aus Lumpen (und Licht)

deutlich gestriegelt von irren Mottenschwärmen aus
Barockerotik *Kompt, kompt zu meinem Lieb,*
auff ihren Rosenmund
Der mir mein kranckes Hertz hat inniglich verwundt

Lobmix aus frischer Faser Flunker sanfter Verfluchung
und heiserem: Hier bin ich O-pitz-Fle-ming o Honigvögelein
es ist noch ein Abenteuer zu singen in Wortakzent
halbem Husten und Ballung und zartem Eis

also Sprachfrau (warum nicht)
was du mit ihr lallst liegt sie liest sie
auf dem weißen Laken
des Blattes keine beschönigende Erinnerung
aber dass die Seele
(ein Krummhorn und keiner weiß es)
dröhnt und stöhnt und knarzt hüllt sie ein verhüllt!

bis sie sich kennt
aber Welche auf Deutsch! Vorfreude! Ausflug! Liebste:
das schmeichelnde Faseln des Glücks
das Öl der langen Tage der liebenden Gelenke
wenn die Laute denken aber: Leise!

beweg dich weg von ihr fall in sie
in ihr Nadelöhr aus Nichts
aus rosigem heiserem Plunder
Das Lied das selbstlos ist ist selbst sein Lob

ich liebe dein Schamgefühl den Sperrmüll den Stabreim
ich liebe das Lichtjahr das lallende schmerzende
das Lufthemd im L: Lippen-Leben-Laben o Louise!
und eine schnarrende Einladung aus Flucht und Leichtblut
denn soviel Herz – sagt sie – war auch im Harz

Tintenfische für Joseph

Das Wasser, dieses erstgeborne Kind luftiger Verschmelzungen,
kann seinen wollüstigen Ursprung nicht verleugnen
und zeigt sich als Element der Liebe und der Mischung
mit himmlischer Allgewalt auf Erden.
Nicht unwahr haben alte Weisen im Wasser
den Ursprung der Dinge gesucht, und wahrlich
sie haben von einem höhern Wasser
als dem Meer- und Quellwasser gesprochen. (…)
Die Berauschten fühlen nur zu gut diese überirdische Wonne
des Flüssigen, und am Ende sind
alle angenehmen Empfindungen in uns
mannigfache Zerfließungen,
Regungen jener Urgewässer in uns.
Selbst der Schlaf ist nichts als die Flut
jenes unsichtbaren Weltmeers,
und das Erwachen das Eintreten der Ebbe. (…)
Nur Dichter sollten mit dem Flüssigen umgehn …

Novalis,
Die Lehrlinge zu Saïs

Who's who

schwebendes Haus
mit Armen im Meer
weich wie Wackelpudding
umschlossen von rosigen Weichteilen
ohne schützenden Panzer
die halluzinierende Unterklasse
sind wir der Kopffüßer
eine lallende Seele
phänomenal li-la-lu-ly-risch
lautlos singend also sing sing:
mein Sinn!
Abersinn
aber in der Tinte

@@

Tarnung

nie weißt du woran du bist
mit den Dichtern auch dieses Tier
verändert seine Farbe
verrücktes Chamäleon des Meeres
die schwarzen Augenringe
Zeichen angstvoller Erwartung
dunkle Farbwellen laufen
über den Körper des Kraken
schwarzgrün bis dunkelrot
auf dem Sand beinahe weiß
ach wie gut dass niemand weiß

@@

Heiliger Abfall

wir hausen in Höhlen
hinter einem Bollwerk aus Abfall
Kieseln Perlmuttschalen
von Seeohrschnecken

das sind unsere Fässer o Diogenes
geh mir aus dem Wasser
wenn einer hier fremd ist
wird er Taucher heißen

@@

Farbwechsel

der muskulöse Mantel
der Sipho als Motor
der mächtige Strahl
knochenlos der Körper
zartes Tintenfass
die rosige List der Tarnung
die Talente des Chamäleons
hinter uns lassend

unser Traum ließ sich
auf diesem Grund nieder
und nahm augenblicklich
seine Farbe an

@@

Tastsinn

scharlachrote Pilze voll Erregung
Selbstbefreiungskünstler
schwer in Gefangenschaft zu halten

wir träumen von dauerhafter Umarmung

o purer Tastsinn
o Grazie
in den Meerwiesen aus Posidonien

@@

Tastsinn 2

tasten greifen anklammern
Champions der Umarmung
nichts zu sein als Umarmung
alles andere wäre Verarmung

Meer gewordener Tastsinn
dass ich so völlig ganz
und nicht nur fast bin
das macht der Tastsinn
die Haut ist das Organ
des Schmeckens:
Aroma der Berührung

der Krake schläft der Tastsinn nie
auch das Meer will zart-heftig
berührt werden

@@

Umarmung als Prinzip

es scheint wir lieben die Umarmung
es gibt uns zehn- und achtarmig
wir träumen nur davon
Umarmung von auf und von unten
Umarmung im Meer und im Bunten

wir umarmen im Meer das Meer
und in der Liebe die Liebe
wir machens ohne Wirbel
aber mit Tinten
wir sind schlau und kennen alle Finten
wir sind nicht zu fassen
wir wissen nur was
wir uns träumen lassen

vielleicht nur die Kunst
vielleicht auch das Leben

@@

Proteus, Künstler

es genügt
dass die Farbzellen noch leben
Chromatophoren also unverloren

nach dem nächsten Tod des Dichters
lebt seine letzte Farbe weiter
das Gedicht überblüht den Tod

ein blindes Tier nimmt weiterhin
die Farbe des Untergrunds an

Gedichte aus Flitterzellen
sie wollen Schrecken signalisieren
als Abwehrzauber

das Gedicht ein Tier
das seine Gefühle am wenigsten
verbirgt

die Pupillen sind erweitert
zwei große dunkle Augen
die abschreckende Maske
dem Gegner zugewandt
dem Tod und den anderen

@@

Sieben Sepien

klein und scheu huscht sie davon
wie ein erschreckter Vogel
nicht wie die trägen Monster
der Tiefe deren schnelle Ermüdung
das Meer verlangsamt

o diese zauberhaften Miniversionen
Zwergtintenfische (Sepiolida)
und Posthörnchen (Spirulida)
kleine Liebespostbötchen

wir möchten jetzt
ihre meerlichtfarbenen Briefe lesen
nur die Tinte soll uns leuchten

@@

Traktat der Armut

nichts zu besitzen
außer einem lockeren Tintenbeutel
ein Messer ohne Griff
das bunte Talent
die Farbe zu wechseln
bei veränderter Umgebung
und in roter Erregung

der Augenball mit dem schwarzen
reglosen Strich der Pupille
sieht was er sehen muss
o blinder Poet!

@@

Schulp

wir besitzen aber was
einen messerscharfen Schnabel
das Beutetier zu erlegen
die Schwermut des Meers
den Meermut? den Wermut?
den bitteren Beifuß?

weiche Härte wie der bittere Vers
wie das Bild wie
der muschelharte Rhythmus

der Schulp hat keine Schuld
er ist die Waffe der Geduld
(wie die Gedichte)

der Kalmarschnabel
von der hundertmal härteren Spitze

zum Ansatz immer
weicher und nachgiebiger
jedes Gedicht täuscht uns
über seine Härtung hinweg

Härtung und Weichheit
Wertung und Gleichheit
was tut man nicht alles
um sich nicht ins eigene
Fleisch zu schneiden

das nennt man Selbst-Design
lieber Schulp

@@

Echos

wie sagte ein Dichter:
nur ein Stück blaues Meer
möchte ich nun
nur ein Nadelöhr Meer!

mit diesem Pfund kannst du nicht wuchern:

what thou lovest well remains
the rest is dross!
what thou lov'st well
shall not be reft from thee
what thou lov'st well is thy true heritage!

Gebote 1 bis 10 für Poesieerotiker
und wahre Tintenfische

@@

Leichtfuß

wir aber schießen fort
durch die Meere
als verlorene Söhne
zweifelnde Virtuosen
mit der Flöte des Pan
mit Brüdern Leichtfüßen
wir finden Nischen
bei den Tintenfischen

@@

Mollusca

so viel Weichheit
unter allen Riffen
der Besitz eines Tintenbeutels
zeichnet uns aus mit leuchtender
Seelenschwärze

auch bescheidener aber ausgestorben
als Belemniten oder Donnerkeile
wenn es sein muss sind auch wir fossil
wir keine Fische keine Wirbeltiere

aber wie weiße Elche im Meer

@@

Licht der Tinte

nur wenigen wird die Tinte
in die Wiege gelegt
uns aber nichts als das

wenn alles ringsum
die Schwärze des Aquariums ist
sorgen wir für das bisschen
Licht der Tinte

aber nichts als das

@@

Niemals zweimal

keine Tintenwolke kann zweimal
zerstieben
in der Verflüchtigung
liegt eine Weisheit
vermutlich Ertüchtigung
Poesie ist Berichtigung

(nur der Dank bleibt aus
du gehst schweigend ins Haus)

@@

Tintensekret

manche werden mit der Tinte geboren
manche sind Poeten halb im Sarg
ihre eigenen späten Könige
ihre flüchtigen Sekretäre
mit dem Tintensekret
mit den Finten diskret

das soll uns genügen

(Er kommt sicher nicht an meinen Tisch:
ich esse nie mehr Tintenfisch!)

@@

Luftiger Wollknäuel

das Tintensekret in Wirklichkeit
eine kleine kompakte
Pigmentkörnchen-Wolke
ein Nichts aus Poesie

luftiger Wollknäuel
der an der Stelle schwebt
die wir gerade verlassen haben

wir sind nicht dort wo
wir sind
wir bleiben nicht
was wir sind
dem Sterben nah
wird er völlig weiß

(es sind die nicht angenommenen Geschenke
die uns am meisten kränken)

Verwechslung

der Räuber soll ruhig das Tintensekret
mit dem Beutetier verwechseln
mit der Fehlattacke Zeit verlieren
die Flucht wird uns zur Sucht

die Tinte ist eine Erinnerung an uns
an den Augenblick
als wir per Rückstoß
davongeschossen sind
aus unserem früheren Leben

alle tintenfischfressenden Räuber
Zackenbarsch und Muräne
die-Zeit-der-Tod
schnappen bloß in eine Wolke
leicht wie diese

wir aber schießen fröhlich fort
durch die Meere
(voller Josephsmuscheln)

@@

Kupferblut

das Blut durchsichtig bis blaugrün
kein Eisen nur Kupfer: Hämozyanin
nicht hämisch nicht zynisch
aber Poesie liebt die
falschen der Wortgeschichten
den Irrtum das verkehrte Blut
den Wechsel der Verwechslung
das Atempigment Kupfer
Sauerstoffträger ist das Gedicht

nicht Eisen nur Kupfer
im leisen Blut der helle Tupfer

(warum bleibt dieser Kloß im Hals
keinen Dank schluckt dieses schwere Salz)

@@

Weinberg im Meer

das Sepiaweibchen hängt seine Eitrauben auf
als wären es Weintrauben
im Meer

ein Weinberg im Meer
sämtlicher Tinte

@@

Wie Lämmer

die Sepien stammen letztlich
von Montale ab
Ossi di seppia
Ossip-Sepien
Josephs Leben eben
noch in der Newa und schon in New York
spricht die Molluske mir im Kopf

wir sind die zehnarmigen
tintenversprühenden Taugenichtse des Alls
als achtarmige flößen wir mehr Angst ein
wir heißen Vampyropoda
aber wir können glaub mir
sanft sein wie Lämmer
die im Meer ihre Weiden haben
im Neptungras

sanft wie sieben Sepien

(wem der Dank nicht über die Lippen findet
muss den Namen abgeben
an der Garderobe der unsichtbaren Kleider)

@@

Weiden, Wiegen

wir schwimmen gern durch die Wiege
Europas das hält uns am Atmen
wir leben meist im Mittelmeer

legt uns das nicht als Überheblichkeit aus
wir sind die hellsten Weichtiere
wir wissen mehr als
wir uns träumen lassen

in my veins there is a wish
and a memory of fish!

wir besitzen zwei Kiemen
zwei Nieren ein Herz
und zwei Kiemenherzen oder Vorhöfe

ein Meergott rätselhaft
mit all seinen ergreifenden Armen

(was kränkt den Kranken am meisten
dass er abziehen muss
die Stimme in Scherben)

@@

Jetzt als vorläufiger Tinten-Rap

verrückt ist wer nicht kräftig spinnte
ein armer Kerl wer niemals minnte

wir sind im Meer Apollos Hyazinthe
wir sind keine Fische aber bitte mit Tinte

O Tinte! Tinte! Tinte!

wir sind die Flucht wir sind die Finte
wir fliehen furchtbar gerne aber ohne Flinte

wir sind den Wolken Wohlgesinnte
musikalisch achtarmig: Terz plus Quinte

O Tinte! Tinte! Tinte!

wir sind gern frei, nicht Festgepinnte
wir sind das Herz – eine zarte Korinthe
wir legen die Spur hinein: in eure Labyrinthe

O Tinte! Tinte! Tinte!

wir zeichnen ins Meer
unsere durchsichtigen Zeichen

ein jeder für sich aber für alle
das wird fürs Erste reichen

@@

Hier geht der Rap heiter weiter

wir haben keine Kohle (eben nur Tinte)
das ist unsre Kapriole
wir gehn auf leiser Sohle
wir lieben nur das Flüstern
und sicher kein Gejohle
wir lieben nur das Knistern
aber gerne auch Symbole

wir haben keine Lunge
nur diese Zitter-Zunge

Lösche! Lösche! Lösche!

Wir sind keine Fische
und sicher keine Frösche

wir sind mal da mal dort ... in jeder Nische

wir sind Ja – wir sind Ja – wir sind Jo –

Josephs Tin – ten – fi – sche !

@@

Bienen-Partitur I–XII
(Mein Leben unter Bienen)

I

zukunftsheiß
verrücktes Tierchen zartes
Phantom ohne sichtbares
Liebesleben
brutversessen zukunftsträchtig
der Gott der Bienen sagt ein Belgier
ist die ZUKUNFT
lichtverdroschen

keiner kann wissen wer sie ist
der Himmel spricht noch!
von nichts als lauter ARMUT

als ob ein Blick genügte und wir sind in einer anderen grammatischen
und geographischen Zeit

nur dass ihr Umriss bleibt
im Wachs der Erinnerung
die aufschwillt verebbt

wer unter Bienen lebt dem bleibt nur Gedächtnisnektar
das gefleckte Kleid quergetigert

dann lebt er noch einmal
seine ersten wie die letzten Male
seines vom Sonnenstand
regierten Lebens

II

scharfsinnig wie Einsteins Idee:
du kannst ihr nichts beibringen.
Wie die Sonne – immer auf dem Laufenden

Ted Hughes

das ist Bienen-Freejazz keine Operette o Steinzeitmann
aus abgedunkelten Räumen träumt sich die Brut hervor
das Flugmuskelzittern erschüttert den Gedanken
aber wenn sie noch hoffen können
ist auch für die Wintertraube der Zukunft gesorgt

fliegende Igel Igelchen Lieder
reib-sch sch-reib
schreieiei
gehörlos aber weiter

restlichtverstärkt!

Besüßerinnen der Jungsteinzeit
Naschkatzen am Himmel
nektarbetankt

o was! für ein Sozialmagen
welche Körbchenphilosophinnen von innen
fliegen jetzt zur Futterquelle Hirnlandkarten
des rosigen Nichts

falten die Landschaften
metaphysische Wanderwege
funkeln über
jeder verfolgten Süße

III

Dîne lefsen die sint triefende wabe, gemahele
Under dîner zungen ist honec unde milech

St. Trudperter Hohelied

Ja das Schwarzwaldgestammel
wir wachen auf in der Zukunft

und wissen nicht was ihr geschah
im Liederlied der Lieder aufgehoben

für dich in Ziegenhaut
abgegriffen von irren Predigern

es soll dir beim Abschiednehmen
noch einmal blauen

als vernünftiges Vergnügen
als lallender Vers

traumsatt vielfach verflogen
lande wieder wenn du kommst

die Bienen werden Süße mir von dir berichten

Liebesgestamm el el el el

worauf die Flugbahnen
anfangen Musik zu machen
Vergilsummsumm

antiker Potlatsch
flattert um die Ohren
wenn die Antennen
nicht mehr können

himmlisch Erbrochenes

IV

versteckt versteh ich dieses süße Abenteuer
vom Bienenstern fürchte ich sehr das Stachelfeuer
der mir in meine Hände Strahlenwaben legt so fahl
weil er für Mondhonig einzig die Windrose bestahl

Guillaume Apollinaire

und sie wunderten sich nicht mehr über die ausbleibenden Wunder
Bienenbeschwörer sprachen aus Trichtern
beschädigten Gedächtnissen denen es um den neolithischen Süßstoff ging
für fade faserige salzlose Nahrung

o Königin brillante Nackedei
in deinem eierlegenden Allerlei

Luftgepaarte
Raserei

vierzig Meter überm Boden drohnengedecktes Wirrwarr

erst als Swammerdam den Blick ins Mikroskop tauchte
entdeckte er am verkehrten Himmel
Eierstöcke der Zukunft
und weinte seine Augen in die Lupe aus

Reservisten für die zuckende Zukunft
aberhell
nur bald zur Wintertraube verballt

neun Bienen im Reigen
tief verborgen im Haus der Dichterinnen
Persephone deine kleine süße Herde
küss mich iss mich vergiss mich (nur nicht)

spin-spin-spin
Spinoza-Flügelchen
Selbstdenkerinnen
nimmersatte
Frostbeulchen

V

die Bienen fallen in den dünnen Röcken
im Rauhreif tot aus den verblassten Lüften
die nicht mehr kehren rückwärts zu den Stöcken

Georg Heym

wir sammeln deine Körper ein Osiris im Bienenstock
tock-tock-tock!

Wummerbässe der Flugmuskulatur
abergläubische
Verhöhnung der
Erdverhaftung
Aufflug bringts Heimflug
zur Nektarverwandlung
o frappantes Speichelenzym!

verfallende Ruinenstädte
wo mindestens die
Bienen hausen
wenn nicht in Stierkadavern

seit ewiglang

die Honigfliege hat mich erfunden
das Schluchtenaroma den Goldduft
schluchzend der allerersten Wabe im Bleilot
einer honigverlorenen Zukunft

mit der Zeit mit der Zeit
genieße ich ihre Besuche
sie sprechen mit ihren
hellen Geisterstimmen

VI

verborgen blitzt die Biene im Bernstein
wie beschlossen in der bunten Blase
Belohnung für Billionen bleierner Blumen:
blendender Tod, bleibend begehrt

Martial

wird gestorben Schwesterchen jetzt
im Staub von Neonikotinoiden
Varroa saugt dein römisches Blut
goldenes Schwesterchen
kleines Tigerchen in deinen Wabenhäusern
wer euch noch verdient
müsste nicht von hier sein
aber

wer nie wegfliegt kehrt nie wieder
Augenbraue
gehoben

polarisiertes Himmelslicht
sie nehmen die Schwingungsrichtung

wahr!

wie galaktische Gedichte
Bienentänze

eingeladen von meinen Weberinnen
o wie schneeleicht eure Waben
wie weiß dann schwerbeladen
in denen wir uns wiederfinden
neugeboren wie Zaubergreise
zum ersten Mal sehe ich klar
ihr seid meine blauen Bienen
im Himalaya der Erinnerung

erstgeboren uralt hell

VII

der Bienenstock ist ein keuscher Stern
Brunnen von Bernstein der den Rhythmus nährt
all der Bienen. Weiblicher Schoß der Felder
zitternd von Aromen und Summen

Federico García Lorca

Rhythmus ist es Ausschwarm Eintrag
klar und verwickelt in der Sprache der Fluglotsen
die Bienen lasen lange ihre Bücher

es war als wollte die Welt uns noch lieben
kurz vor Himmelsschluss dem Planeten überheiß
die Bienen werden uns noch einmal
überleben wer weiß überleben

Summen
wer schenkt was wem?

bi-bi-bienenbitter bis in die umgestülpte Nacht wenn
die Poesie
nur das Nachtsichtgerät der Bienen ist

was wir nie besitzen ist die Gabe die nichts wiegt
in der leeren Hand einer Königin

ich habe die Partitur so lange mit Kehricht gefüttert
und sie narrt mich
mit einer Blüte aus unruhigem Schlaf
Bleischwinge zögernde Zukunft
Wirbelsäulenfagott

im Lexikon der untergegangenen
bienengleichen Sprachen

VIII

ich brauche nichts als diese scharfe Qual:
brennendes Übel, ein lebendiger Stich
sind mehr wert als die schlafende Tortur

Paul Valéry

keine Biene hat dich nicht erfunden

vielleicht die einzige Sprache
die Natur noch versteht
wer aber wen?

ruinierte Großstädte
in denen nichts als Bienenstöcke stehen

Stumm!filmkino am verödeten Himmel
unsichtbarer Sonnen

Bienenkabbala
Zimzum der Rückzug auf den Punkt
Selbstkontraktion Gottes
aus seiner eigenen Mitte
wo die Bienenschöpfung möglich wird Zimzum-Sumsum

getigerte Clowns am Himmel
die Nestwärme selbstgemacht Flugmuskelzittern
im Heizkeller der Larven
im mystischen Hohlraum

vielleicht ist es nur ein Restlichtverstärker
den sie brauchen um sichtbar zu werden
nicht die Pollen des Glücks
nicht die halben Spuren
des vergessenen Anfangs
der Weg zurück

IX

mögen unsere Bäume Honig spenden!
möge die Sonne Honig sein!
mögen unsere Kühe Honig geben!

Rig-Veda

Summen aus lauter Bernstein
aus den Tränen des Sonnengottes

eines wirren Eldorados verflixt wo habt ihr angefangen wo beginnt
die Wabe *Summ-Songs* von der goldenen Zeit die nie immer war
verfluchter Hirtenzauber!

ich seh dich nackt im Frühlicht herüberwandern
in ein mit Mohnblättern ausgeschlagenes
Haus der Träume

im Ohr flüstert ein irrer Vergil
und ich weiß nicht seit wann das Lied …

daraus Geschenke zu schleudern
Weltallspotlatsch
Verschwendung wo immer
unter soviel Lidern vom heillosen Bürgerkrieg der Seele

lyrische Pharaonen brechen es auf wie eine Wabe
es wird samt dem rosigen Plunder für dich meine Gabe
halt die Hand auf dein Ohr
es geht aus ihm hervor

summ-summ-summ Bienchen
keiner will dass ihr gerade sterbt wir tun es
als ob nichts wäre als wärt ihr nichts als unser summender Rest
wir flackern noch ein wenig und wühlen in unseren
krummen Stöcken die Krümel unserer Träume
zwischen den Fingern

X

Seelchen steigst aus dem Schälchen dem Kehlchen
schälst dich heraus-aus dem Körper

Hadrian

Pollenhöschenportionen der Sonne
rasch im Körbchen verstaut
das Bürstchen ist der Gott
der Verkleinerungsform!
Pharaonen des Diminutivs
übergroß geworden
Schluckauf in Miniatur
in den unsichtbaren Bienenstöcken
der Steinzeitsprachen
UUU und AAA
IIIII

ihr webt Licht in unsere singenden Knochen

wer weiß
vielleicht wird uns beim Blättern
noch einmal einer finden
o Orpheus der Zwerge
ihr Arbeiterinnen
goldumrandet

wirst du verschwinden in den zar-zar-zarten Falten
des zittrigen Universums
hinfälliger Bienenkorb
voller irrer Sterne
es bleibt so alles nie nicht beim Alten

im Universum all die ungemachten Betten

XI

Schlimmes Laster Ungeduld

traumsatt vernünftig

Göttinnen ohne Unterleib
aus nichts als Licht und Apfelblüten

dann wirst du es tausendmal hören
dein Summen tief im Ohr
das Aroma der ersten Wunde

warmes Wachs
und wildes Wittern

ob meine Wabe aus Nichts
und lauter Buchstaben
endlich vollendet sei

ganze Bände Bienenraunen
Bienentraumtänze

mit der Zeit genieße ich ihre Besuche
sie sprechen mit ihren
hellen Geisterstimmen

ein Summen von längst verlorenen Seelen
auf der NACHTFAHRT
zerbrechliche Musikerinnen
eingeladen von Vergils Hirten

dem Boten der Summsumm-Summen
aller Poesie
ins schlichte
Wachstäfelchen gekritzt

Bienen-Partitur

XII

Kopflose Schönheit
Goldstaub des Verschwindens

ich leg mich eine Weile in die Luft darüber
geb mich dem Gesumm geb mich hin

es nimmt mich ja an
lässt mich unzerkaut zurück

dann geh ich ins Sprachverhör
mit dem Bienenstethoskop
ich hör sie pochen

der Bienenpatron mit dem blauen Weizenbart
droht mit einem neuen Testament
des Lavendels

Weltbrot fährt aus den Blüten

ein Luftpaket goldener Plunder
geknüpft für die Virtuosinnen
des Unsichtbarwerdens

Kamm der durch die Jetztwelt fährt

Bienenschluchzen
in den Nadeln
all der Tannen

lass summen!

Vom Mundvorrat

Raimbaut de Vaqueiras (1155 bis 1207)

Rätsellied

die Schwachen werden die Starken besiegen
denn Stark kann Schwach nie widerstehn
den Schwachen seh ich Starke schwer angehn
er lässt vom Starken sich nie unterkriegen
so bricht der Schwache Mauern dank der Kraft
er raubt dem Starken Wert all seinen Saft
der Starke ist dem Schwachen immer unterlegen!

ein Nichts kann leicht zu Totschlag führen
das viel erschafft und dann zerstören kann
sogar was alle Welt für Wert hält irgendwann
es lässt ein Nichts die Welt sein Unheil spüren
weiß denn die Welt dass sie auf Wahn nur fußt?
ein Nichts bringt viel Geschmack und Lust
der Welt sie mags und hälts für einen Segen!

Devinalh

Las frevols venson lo plus fort, / que fortz frevol non pot durar, / quar frevol vey fort frevolar, / aissi bat frevols contrafort, / e-n frevol trop tan de vigor / quez a fort tol sa gran valor, / fortz a frevol non a poder !

Un niens es qu'adutz a mort / so qu'el fai e qu'el pot desfar, / que es so que lo mons ten car, / doncx al mon fai niens gran tort, / e-l mons, cum suefre tal folhor ? / Quar niens a tan gran sabor / que-l mons l'acuel el cartener !

ich hab gesehn in meinem eignen Leben
dass aus dem Sauren Süßes oft entspringt
im Handumdrehn und restlos wenns gelingt
Saures wie Süßes kanns aus gleichem Ursprung geben
es kommt viel Saures gar oft aus dem Süßen
selbst Winter muss die Wärme nicht vermissen
das Saure flieht kommt Süßes allerwegen!

ich find viel Freude Trost und Sinn
seh ich selbst einen Toten auferwachen
er kann mehr als im Leben Neues machen
so dass ich mit dem Toten einverstanden bin
der Tote hat viel riesengroße Macht
drum lass vorm Toten alle Ängste außer Acht
er wird nicht Schaden eher Nutzen dir erregen!

Vist ai e trobat en ma sort / que d'agre potz doussor gitar / ab breu aten ses ajustar, / doncs agr' e dous eysson d'un port, / e fai tant agres ab doussor / que l'ivern mescla ab calor, / mas l'agres fuy al dous parer !

Soven mi do gaug e conort, / que vey lo mort ressuscitar, / mais pot mortz que vius acabar, / per qu'ieu ab lo mort be m'acort / et el mort a trop gran ricor, / per que mortz non deu far paor, / que-l mortz no notz e pot valer !

in einem Eimer der mir Trost verspricht
seh Heiß und Kalt ich sich durchdringen
sich gegenseitig zum Verschwinden bringen
erfüllend beide stets die gleiche Pflicht
so reich wirst du magst alles du verschwenden
und gleichermaßen arm an beiden Enden
ich mische Witz und Wahrheit hier verwegen!

von Schwachen werden Starke oft besiegt
vom Sauren will oft Süßes gern entspringen
und Heiß und Kalt wollen sich stets durchdringen
ein Nichts macht dass die Gabe rasch versiegt
der Tote wird den Reichtum vielfach mehren
die Reichen ruinieren sich in allen Ehren
so ist es klar was kann man tun dagegen!

En la canal que ditz conort, / vey caut e freyt entremesclar; / ab l'un pot l'autre amortar, / e son abduy d'engual comport. / Ricx ers tan cum gitaras por, / e paupres si. Te dic color ? / non ieu, ans mescle sen ab ver !

Per frevols son vencut li fort, / e potz d'agre doussor gitar, / e caut e freyt entremesclar, / e niens met son don a mort, / et el mort a trop gran ricor, / e ric perdon si per honor / que fan, e deu lur escazer !

Dante Alighieri (1265 bis 1321)

Auf ins Schiffchen!

Guido ich möcht dass du und Laptop meine Wenigkeit
von derselben ganz lockern Lustmagie uns locken
lassen nun bloß gleich los und weg vom Trocknen
ins Schiffchen rein windreich nach unserm Willen weit

hinaus aufs Meer so komm doch mit es wird nicht leid
dir tun es soll kein Hindernis dich schocken
ein Irrtum wärs die Lust gleich abzublocken
denn auf uns wartet nichts als reine Seligkeit

zuckende Musen und die Zarten Lippen reizen
uns gern sie solln für uns mit dreißig Zungen reden
vom großen Zauberer so flink zu uns getragen:

wir sprächen liebend gern von nichts als Liebesfragen
die süßen Frauen hätten sicher nichts dagegen
und wir erst recht mit keiner Lust zu geizen

Rime LII (1290)

Guido, i' vorrei che tu e Lapo e io / fossimo presi per incantamento / e messi in un vasel ch' ad ogni vento / per mare andasse al voler vostro e mio,

sí che fortuna od altro tempo rio / non ci potesse dare impedimento, / anzi, vivendo sempre in un talento, / di stare insieme crescesse 'l disío.

E monna Vanna e monna Lagia poi / con quella ch'è sul numer de le trenta / con noi ponesse il buono incantatore :

e quivi ragionar sempre d'amore, / e ciascuna di lor fosse contenta, / sí come i' credo che saremmo noi.

Eustache Deschamps (1345 bis 1404)

Ballade

ich gehe immer krümmer und gebückt
ich hör kaum mehr mein Leben schwindet
die Haare fallen aus was mich bedrückt
der Rotz fließt aus der Nase fast erblindet
mein Aug nur Schmerz was meine Brust empfindet
kein Glied das nicht schon heftig zittert
verhasple mich beim Reden bin verbittert
und voller Ungeduld Verachtung schleichend
geh ich nicht ohne Stütze ganz zerknittert:
das sind doch lauter Todeszeichen!

ich bin so gierig jetzt mein Haar ergraut
so geizig und cholerisch Unsinn halte
ich schon für Wirklichkeit und lobe laut
nur immerzu Vergangenes das Alte
statt heller Gegenwart ja ich erkalte
ich lieb kein Lachen mehr und schöne Spiele
ich mags zu grummeln knurre keine Ziele
hab ich mehr alles will sich gleichen
ich tadle immerzu die Jugend schiele:
das sind doch lauter Todeszeichen!

Ballade

Je deviens courbés et bossus, / J'oy tresdur, ma vie decline, / Je pers mes cheveulx par dessus, / Je flue en chascune narine, / J'ay grant doleur en la poitrine, / Mes membres sens ja tous trembler, / Je suis treshastis a parler, / Impacïens, desdaing me mort, / Sanz conduit ne sçay mes aler : / Ce sont les signes de la mort.

Convoiteus suis, blans et chanus, / Eschars, courroceux. J'adevine / Ce qui n'est pas e löe plus / Le temps passé que la dotrine / Du temps present. Mon corps se mine. / Je voy envix rire et jouer, / J'ay grant plaisir a grumeler / Car le temps passé me remort. / Tousjours vueil jeunesce blamer : / Ce sont les signes de la mort.

die Zähne lang und spitz und schwach
und gelb sie riechen nach Latrine
der Körper ist so dürr und kalt jetzt ach!
ich leb nur noch dank Medizinen
der Küchenkunst kann ich nicht dienen
ich kann ja kaum mehr etwas schlucken
mein Körper ist nichts mehr als Zucken
nur flüssig ess ich nichts außer dem Weichen
will dauernd schlafen bloß mich ducken:
das sind doch lauter Todeszeichen!

o Prinz ich will nur noch anfügen:
mit sechzig Jahren voll vom Ungenügen
macht mich mein Alter schier erbleichen
wenn jene die mich lieben müssten
mich lieber schon im Jenseits wüssten:
das sind doch lauter Todeszeichen!

Mes dens sont longs, foibles, agus, / Jaunes, flairans comme santine. / Tous mes corps est frois devenus, / Maigres et secs. Par medicine / Vivre me fault. Char ne cuisine / Ne puis qu'a grant paine avaler. / Des jeusnes me fault baler, / Mes corps toudis sommeille ou dort / Et ne vueil que boire et humer : / Ce sont les signes de la mort.

Prince, encor vueil cy adjouster / Soixante ans, pour mieulx confermer / Ma viellesce qui me nuit fort / Quant ceuls qui me doivent amer / Me souhaident ja oultre mer : / Ce sont les signes de la mort.

Charles d'Orléans (1394 bis 1465)

Im Wald des Langen Wartens

im Wald des Langen Wartens
vom Schicksalswind dem harten
gepeitscht seh ich wies Bäume bricht
doch keinen Weg und Pfade nicht
für meinen Schritt den schmerzerstarrten

einst sah ich Freude aller Arten
die Jugend schenkte mir die zarten
Genüsse – jetzt: kein Funken Licht
im Wald des Langen Wartens

das Alter sagt mit seinen Martern:
du hast kein Recht mehr keine Karten
im Spiel, vorbei! ruft sein Gericht
sind Tage Monat' Jahre schlicht:
sei dir genug lass all die Fahrten
im Wald des Langen Wartens!

En la forest de Longue Actente

En la forest de Longue Actente, / Par vent de Fortune dolente / Tant y voy abatu de bois / Que sur ma foy je n'y congnois / A present ne voye ne sente.

Pieça y pris joyeuse rente : / Jeunesse la payoit contente ; / Or n'y ay qui vaille une nois, / En la forest de Longue Actente.

Viellesse dit, qui me tourmente : / « Pour toy n'y a pesson ne vente / Comme tu as eu autresfois ; / Passez sont tes jours, ans et mois : / Souffize toy et te contente / En la forest de Longue Actente. »

Joachim Du Bellay (1522 bis 1560)

Glücklich wer wie Odysseus

glücklich wer wie Odysseus eine schöne Reise
machte oder der Mann der einst das Vlies errang
und wiederkam erprobt und voller Weisheit lang
zu leben für den Rest nur im vertrauten Kreise!

wann seh ich wieder ach in meinem Dorf aufsteigen
den Rauch überm Kamin? in welcher Jahreszeit
seh ich den Garten dort mein armes Haus – bereit
für mich Provinz zu sein viel mehr noch: ganz mir eigen?

ich liebe mehr den Ort wo meine Väter wohnten
als die Paläste Roms mit ihren kühnen Fronten
statt harten Marmors sagt mir feiner Schiefer zu

mein kleiner gallischer Loir statt des Lateiners Tiber
mehr als der Palatin ist mir mein Hügel lieber
statt Salz und Meereswind – die Sanftheit des Anjou

Les Regrets XXXI (1558)

Heureux qui, comme Ulysse, a fait un beau voyage, / Ou comme celui-là qui conquit la Toison, / Et puis est retourné, plein d'usage et raison, / Vivre entre ses parents le reste de son âge !

Quand reverrai-je, hélas, de mon petit village / Fumer la cheminée, et en quelle saison / Reverrai-je le clos de ma pauvre maison, / Qui m'est une province, et beaucoup davantage ?

Plus me plaît le séjour qu'ont bâti mes aïeux / Que des palais romains le front audacieux, / Plus que le marbre dur me plaît l'ardoise fine,

Plus mon Loire gaulois que le Tibre latin, / Plus mon petit Liré que le mont Palatin, / Et plus que l'air marin la douceur angevine.

Arthur Rimbaud (1854 bis 1891)

Maibanner

an lichten Lindenzweigen
stirbt kränklich ein Halali
doch geistliche Gesänge hängen
schwebend zwischen Johannisbeeren
dass das Blut uns lache in den Adern
verwirren sich die Weinlaubranken
der Himmel hübsch wie engelgleich
Azur und Welle vereinen sich
ich geh hinaus / verwundet mich ein Lichtstrahl
werd ich auf diesem Moos verenden

sich bloß gedulden sich langweilen
ist viel zu leicht / pfui! auf meine Leiden
ich will dass dieses Sommerdrama
mich bind vor seinen Schicksalswagen
dass ich durch dich Natur so viel
– ah, weniger einsam! weniger Null! – sterbe
statt dass die Schäfer o wie bizarr
ein wenig sterben durch die Welt

Bannières de mai (1872)

Aux branches claires des tilleuls / Meurt un maladif hallali. / Mais des chansons spirituelles / Voltigent parmi les groseilles. / Que notre sang rie en nos veines, / Voici s'enchevêtrer les vignes. / Le ciel est joli comme un ange. / L'azur et l'onde communient. / Je sors. Si un rayon me blesse / Je succomberai sur la mousse.

Qu'on patiente et qu'on s'ennuie / C'est trop simple. Fi de mes peines. / Je veux que l'été dramatique / Me lie à son char de fortune. / Que par toi beaucoup, ô Nature, / – Ah moins seul et moins nul ! – je meure. / Au lieu que les Bergers, c'est drôle, / Meurent à peu près par le monde.

ich will dass mich die Jahreszeiten schleifen
nur dir Natur ergeb ich mich
und meinen Hunger all meinen Durst
und bitte nähre mich tränke mich
nichts und wieder nichts verschafft mir Illusionen
den Eltern wie der Sonne zugelacht
doch ich will keinem Ding mehr lachen
und frei sei dieses Missgeschick

Je veux bien que les saisons m'usent. / À toi, Nature, je me rends ; / Et ma faim et toute ma soif. / Et, s'il te plaît, nourris, abreuve. / Rien de rien ne m'illusionne ; / C'est rire aux parents, qu'au soleil, / Mais moi je ne veux rire à rien ; / Et libre soit cette infortune.

Robert Frost (1874 bis 1963)

Forgive, O Lord, my little jokes on Thee
And I'll forgive Thy great big one on me

In the Clearing, 1962

Vergib mir o Herr

vergib mir o Herr meine kleinen Witze über dich
und ich vergeb dir deinen großen über mich!

o Gott vergib mir meine Späßchen über deine Person
und ich vergeb dir das deine – ich trag den Schaden davon.

o Herr meine kleinen Witze über dich – vergib sie mir
und den deinen großen über mich – vergeb ich dir!

vergib mir o Herr dass ich über dich oft gespottet hab
denn deinen Spott trag ich mit mir – bis in mein Grab!

o Herr verstehst du diesen Reim auf das deutsche Wort Spott?
o Herr verzeih mir nicht mein Fehler: es reimt sich auf Gott

Catull-Libelle

Vivamus, mea Lesbia, atque amemus (…)
da mi basia mille, deinde centum,
dein mille altera, dein secunda centum,
deinde usque altera mille, deinde centum

Lass uns leben, meine Lesbia, lass uns lieben (…)
gib mir tausend Küsse, dann noch hundert,
nochmals tausend und dann wieder hundert,
dann weitere tausend, dann noch hundert!

Carmen 5

Zunge & Zeit

Lesbia nur das Le-Le-Leben Li-Li-Liebesleben
Lippen Lallen Laben Lachen Lecken Lullen Lust
Liquid! nichts als Fließlaut sein und labial o Lippenlaut!

den Rest des Alphabets
verschenken wir Neidern und Meckerern
nichts schert uns einen bittren Rost

Sonnen sinken und steigen auf am Himmel:
geht das kussbemessene Licht für uns aus
dauert unser Schla a a a a a f eine ewige Nacht

schick mir ein Kussjahrtausend und 100 Sekundentage
dann tausend Wochenminuten und 100 Monatsküsse
(nicht Zahlen zählen nur die ZEIT und die ZUNGE)
wir müssen uns mischen zählen verzählen
wie viel Zunge und Zeit es waren – keiner weiß

namque tu solebas
meas esse aliquid putare nugas

denn du hieltest immer etwas
von meinen Sächelchen

Carmen 1

NUGAE sagt er

seine Gedichte sagt er in der Widmung:
Kleinzeug Spielereien
rosige Lappalien
NUCKEL und NOUGAT
jedenfalls Dinge
die man in den Mund nimmt

Poesie die leuchtende Zentrale
zwischen Kehlkopf und Gaumen-Raum
zitternder Zunge eisigen Zähnen lehmigen Lippen

dass dieser Gaumen Raum und Himmel werde
und meine Lippen springen wie ein rosa Lehm

wo die Laute entstehen den Kokon brechen
kämpfend sich einander ergeben
Nichts als lautlicher Vollzug
wie Küssen das Werk der Lippen

in der Härtung der Jahrhunderte
zu NUGGETS geworden
Goldklumpen rostfrei
von der Atemluft unversehrt

Miser Catulle, desinas ineptire,
et quod vides perisse perditum ducas

Armer Catull, hör auf, ein Idiot zu sein,
was du verloren siehst, das gib verloren

Carmen 8

Hart-aber-zart

Catull bleibt hart bis die Tränen singen
Catull ist vernarrt bis die Lippen beißen
Catull scharrt bis der Versfuß jambisch hinkt
Catull bleibt verpaart auf dieser losen Fahrt
Catull ist eigentlich lieber zart

immer schon verloren sind wir halb schon frei

Catulls Fingerkuppen deutlich hörbar
in den Versen die leuchtenden Gräten beben
auf der Zunge Lippen werden zu Antennen

ich liebe die moosigen Bestimmungsbücher
des Mundes!
o Catull der dreißigtausend Facettenaugen

nam castum esse decet pium poetam
ipsum, versiculos nihil necessest

anständig zu sein gehört sich
für den aufrechten Dichter selbst,
für seine Verslein ist das nicht nötig

Carmen 16

Rücks & Runter

ich werd euch links und rechts
dann rücks und runter
die ihr glaubt mein Gestöhn sei zu weich
die ihr denkt ich sei ein Unmann

es gibt keine Trennung zwischen Vers und Maul
es gibt keinen Strich zwischen Du und Ich
es gibt nichts was zwischen beiden klafft
es soll fließen da und dort der Saft

zart und frech und golden steif
wir sind für die Saturnalien reif
kreuz und krumm nie grade – quer
wo nehm ich nur den Narrenhut her

Saturnalia: Römisches Fest, mehrtägig ab 17. Dezember, zu Ehren des Gottes Saturn, des Herrschers über das Goldene Zeitalter, Vorläufer des Karnevals, Tage der Gelage, des Beschenkens, der Spottlieder und Rätsel. Närrisches Treiben unter Filzkappen, gelockerte Moral. Die Herren bedienen endlich ihre Sklaven. Catull, Saturnalienfürst, setzt sich den Narrenhut auf.

Eros ist das Eis

nimm diesen schlimmen Trost im Bitterfrost
nimm einen Regenbogen in den Mund

nimm eine goldene Rippenflöte
nimm das zerstreute Mobiltelefon das im Leeren blinkt

nimm den Falz nimm den Zauber
Eros ist das Eis das blasse blaue Eis

mit heiseren Stimmbändern ihren Namen zu brüllen
um ins Nichts deiner Hand ihre Echos zu füllen

Lesbia! Lesbia! Lesbia!

Passer, deliciae meae puellae

Sperling, Freude meines Mädchens

Carmen 2

Lesbia dein Spätzchen

Catullus Lukullus
narkotische leiblateinische Geheimnische
Lallen Laben Lecken Lachen
und solche Dinge lyrisch machen

Lesbia dein Spätzchen dein Lätzchen
dein Öschen dein Röschen

lauter Risiken und Nebenwirkungen
Catull-Schatulle aus Wutwitz und Sirmione
bitte befragen Sie die Beipackzettel der Poeten!
die Röntgenbilder und Passporträts Catulls
die Fingerabdrücke alles eben was man hinterlässt

die Daguerreotypien Tomografien
die Bestimmungsbücher von Fischen

Quoi dono lepidum novum libellum

Wem schenk ich das flotte neue Büchlein

Carmen 1

Libellus

wenn jedes unscheinbare Büchlein
bedroht ist von
der Revolution der Finger
der Säure seiner Blätter
verdunstend der geneigte Leser

stelle ich mir vor wie Catulls *libellus*
sein Geschlecht wechselnd
sich zur Libelle verwandelt
in der Luft ihre zarten Haken schlägt
dem Untergang zu entgehen

dann kommt sie zurück
zittert über dem leuchtenden Spiegel
und flüstert wieder
nichts als Wunder

Muskel & Flug

ich weiß nicht wo du aufhörst weiß nicht wo ich
beginne nimm *Catull* eine Libelle
ohne Übergang von Muskel zu Flug

Poesie ist der wahre der hellste Betrug
die Aderung der Veroneser Flugfläche
im Zickzack aufgespannt
oh unterm Libellen-Zelt zu liegen Lesbia komm

ins Zentrum des Flügels die blauen Äderchen
zum Knoten verschlungen ich weiß nicht wo du
aufhörst weiß nicht wo ich beginne

wer keine Schönheit verdient
hat danach lechzend ausgedient

ich sauge an seinem Saum
ich saufe seine Seife
ich trümmere in seinen Träumen
ich flicke seine Flaggen
ich darf nicht lange fackeln

Chlebnikows Flöhe

Trimmtank

O Flügel-Aderung Labung an der Flügelspitze ein dunkel
gefärbtes Flügelfeld ein Flügelmal
PTE – RO – STIG – MA im Flug als Trimmtank
durch Füllung mit Hämolymphe benutzt

Catullus befüllt das Ohr mit Veroneser
Labung luftige Leber sein Leser

Catullus mit Facettenaugen der Kopf
extrem beweglich
dreißigtausend Einzelaugen OM – MA – TI – DI – EN

wie viele Verse in hundertsechzehn Carmina
also zweitausenddreihundertein Auge
in den Himmel gerichtet
wo gerade jetzt
Berenikes Locke verschwindet
von Austrian in den Himmel gezeichnet

Punktaugen

zwischen den Komplexaugen liegen
auf der Kopfoberseite drei kleine Punktaugen
Stirn-Ocellen so heißt Poesie

vermutlich Gleichgewichtsorgan Horizontdetektor
zur Kontrolle schneller Flugbewegungen
libellenbester
Sehsinn unter den Insekten

auch Gedichte sind Insekten
der eingeschnittene Körper die Verse
die Gräten beben in ihren Nähten

auch Gedichte kennen Finten
in der schwärzesten der Tinten
fliegen auf vorgetäuschten Bahnen
viel weiter weg als wir je ahnen

streng konstruierte Flügelwesen voller Flüche
und Schmähung filigrane Carmina
zarte Flüche schlimme Schimpfe

o flackernde Ruhe Gleichgewichtssinn
wo geht sie hin?

Glasröhre

in diesem Catüllchen ist eine kleine Waage
genannt Libelle zarte Glasröhre mit Luftblase
schwach gebogen in der hellen Flüssigkeit der Verse
überprüft ob wir horizontal-vertikal wozu
taugen mit unseren Zungen

Versgräten sanfte Gerippe
aberlateinische Libellenflügel
nie – nirgendwo – nur nicht – nix Totes
aber aus dem Innern deutlich droht es

die Frequenz des Flügelschlags dreißig
Schläge pro Sekunde

Bagatellgedichte
besser Sächelchen halt
Nuckel-Nugae vergehen auf der Zunge
auch Erhellgedichte Fellgedichte
behaarte Fische aber er starb mit dreißig
hört man sein häufigstes Versmaß
ist der Hinkjambus
wer denkt sich solche Namen aus
so schnell kommt er nicht mehr nach Haus

Sirmio

jeder sein eigener Flugapparat der aus Sirmio
schafft es beide Flügelpaare unabhängig
voneinander zu bewegen schrille Schimpfe
Flicken Flockentreiben Berenikes Locke
überm roten Verona

o Libelle abrupter Richtungswechsel
Flugpläne geraten in den Versen durcheinander
drunter drüber du hellster aller Wassertrüber
um dann in der Luft stehenzubleiben du gehst
übers lyrische Wasser bleibst stehn in der Luft
als Abschaffung der Schwerkraft

durchsichtig geworden und wenn du willst
fliegst du rückwärts zu Kallimachos und Sappho
halluzinogenem Honig und Thymianmusik
auf dem leuchtenden Wachstäfelchen

Stromaufwärts

wirklich schwindelfrei? bei Nebenwirkungen
wende dich nie an den Poeten
aber bitte mehr Lust! selbst noch im Verlust
unter Mikroskopen wir gucken wie Zyklopen

so kommt Catull an die Donau
schwimmt stromaufwärts als Quelle
wer nicht fliegen kann muss fühlen
so oft die Locke schreit so schnell
bleibt ein Stern am Himmel
so oft die Locke lockt so laut
schreibt der Schrei
den Qualm die Rammelei
schlaf Catull im Turm des Gesangs
wer ist Verona und Berenike wo?

Schattenschalmei Schachtelhalm
so kommt Catull an die Donau
schwimmt stromaufwärts selber Quelle

Messtechnik

in dieser Libelle ist hörbar die Quelle
in diesem Catüllchen ist Schattenschotter
nie nur nicht kein Toter
ein Libellenflügel filigran

Ja Catüllchen ist Messtechnik er vermisst uns
wir vermissen ihn wenn wir ihn an der Donau
vermessen die kleinen Sächelchen
wenn jüngste Kanzler stürzen zwischen Sulla
und Cäsar nicht senkrecht genug
das Rückgrat ist die Körperlibelle

die Achsen müssen waagrecht laufen
Horizontierung der Messinstrumente
der Poesie
ist das Geschäft das wir liebend locker treiben
am Tod uns reiben am Trieb und am Schreiben
die Geschichte ist die Sage der Libellen
mal aufrecht mal platte Schläuche
zwischen den Flachhirnen

nur die Poesie wird einmal wissen
auch wir! wir waren einmal hier

Alexandras Abschied

suddenly the night has grown colder
the god of love preparing to depart
Alexandra hoisted on his shoulder
they slip between the sentries of the heart

kühler die Nacht sie lässt dich plötzlich schaudern
der Liebesgott macht sich zum Gehn bereit
Alexandra sitzt auf seinen Schultern
an den Wachen des Herzens schlüpfen sie vorbei

Abgasskandale Kanzlerstürze Dieselgate
o Auspuff-Desaster der Nationalschläuche
nirgends sapphische Strophen nur Kata

Catull zieht seine Software vor
soft alexandrinisch sooft alexandra

macht endlich frische Luft
Luftbereiter helle Lichter pralle Leuchter

wer sie liest dem formt sich der Mund um
Lippen werden Antennen
laben sich und lieben sich
Libellen lieben Lappalien

ein Stern zu werden in ehrlicher Arbeit
jedem sein eigenes Himmelfahrtswesen du
schaffst es in Sekunden zweitausend Jahre abzufliegen
an die Donau zu gelangen das schafft keine Airline

du Luftgast Runde um Runde
um Rundflug ist das: Poesie
am Zimtbaum der Zunge zappeln!

Odi et amo, quare id faciam, fortasse requiris
nescio, sed fieri sentio et excrucior

Ich hasse und liebe, warum ich das tu',
fragst du vielleicht. Ich weiß es nicht,
aber fühle, es geschieht, und es ist eine Qual

Carmen 85

Lauter, Variationen!

Ich hassliebe, ich liebhasse – und weiß
selbernich warum, fühl nur – es quält mich kreuzweis.

Hassen und lieben zugleich – fragmichwarum.
Weiß wer will, es passiert, zerrissen wie ich bin.

Ich hasse, ich liebe – vielleicht fragst du warum.
Ich geschehe, gefoltert, verstümmelt da-rum.

Wer hasst, der liebt – wer liebt, der passt.
Ich werd gemartert kreuzicht (Kreuz-Ich) ohne Hast.

Ich haaa und ich liii – weiß ja selber nicht wie.
Kreuzunglücklich kreuzbar überaus reizbar

Hasslieben, Liebhassen – beides zugleich.
Mich Kreuz-Ich schlägt es windelweich.

Hasse, liebe – zwei in einem.
Doch den Einen reißts entzwei.

Catull an der Donau

am römischen Grenzfluss am
Li-Li-Limit zum Libellenwesen
sind wir in der Catull-Schatulle
in dem Schatüllchen ist Schatten
hier gehn die Baumhörnchen aus und ein

in diesem Catüllchen ist Schattenschotter
Silbenfluss und Ekstase Gestotter
in dieser Libelle seufzt eine Quelle
am Wochenende nach Christi Himmelfahrt wer
fährt in den Himmel? du kannst ihn nicht kennen
warum muss er fliegen? Wolke oder Locke?

Austrian Airlines übersteigt deine Vorstellung
stehn luftige Linien am Himmel zu lesen
so dichtet jeder wie er muss
sich zum Unheil zum Genuss

wer hier eintritt bleibt unheilbar drum lasst
alle Hoffnung rascher fahren
ihr Propheten! Rosenesser! Narren!

Poesieschatulle

in diesem Schatüllchen ist Schatten
hier gehn die Baumhörnchen aus und ein
in dieser Libelle ist Schatten
der Zimtbaum der Zunge zappelt
Hölderlin was weißt du schon wie er schaukelt
im hörigen Holunder kein Gott wer nicht gaukelt

Rimbaud sieht weinend Gold
und kann nicht trinken
da tanzen sie schon ungefragt
unter den Mikroskopen wo Apollinaire
draufsteht ist er auch drin kaum taucht
er auf ist er auch schon wieder hin

ein Geist aus der Flasche doch wehe wenn:
wer hier eintritt bleibt unheilbar drum lasst
alle Hoffnung rascher fahren

ihr habt die Farnsamen wir gehen unsichtbar!

verkauft eure Seitenwunden
möglichst herrenlosen Hunden!
Ich möchte auch noch rufen:

Catulls Libellen sollen auch bellen!

in diesem Schatüllchen ist Schatten
hier gehn die Baumhörnchen aus und ein

Heilige Müllhalden
(o Wahn der Turbane!)

Für Jonas Burgert
im Bauch des Wals
in Weißensee

Schöpfkellen voller magischer Jenseitscocktails
für Kobolde einer irren Theologie!
prallbunte Anderthalblebewesen
in den *Garagenkirchen* des Unbewussten
enge Unterweltzoos durchlässig für
halluzinatorische Aberwelten

ein grausames Buch träumte von mir
und wütend träumte ich zurück

die Wortlosen sind mit *Trümmern* geschmückt
Perücken voller Wahnsinn
wo jedes Haar sich krümmt und betet
es ist eine deutliche Unruhe im Gehege
hier sind Wartesäle letzter Bahnhöfe
niefahrender Züge

die Abraumhalde der Ursachen
das Karussell der Risiken und Nebenbühnen
schriller Karneval
der nicht mehr Mitteilsamen

sie können nicht vergessen …
sie können nicht vergessen …
nicht vergessen …
dass sie sich … nicht erinnern …

ich habe Glücksfälle für dich
erfunden Unglücksfälle Abbruchhalden
da liegst du rostfrei inmitten aller
Herrlichkeiten totgeglaubter Zufallsparadiese

bleckende *Farbbisse*
Pinselhiebe in den Tropfsteinhöhlen
des Sinns
hier lauert die unreine Dauer

also Kompaktzeit
dann rollen Konserventage
und Müllsonden in den bunten Hirnen
in der Zeitschleife lässt es sich
farbig schaukeln

gestern brach morgen an, um drei Uhr nachmittags
Heute ist schon »nie mehr«, Zukunft überhaupt
was nicht mehr ist, bevorzugt das Einerlei des Alltags
mit feuchter Zeitung und ohne Ei im Suppenkraut
(Joseph Brodsky)

wer immer das Ritual durchschaut gleitet
bereits auf dem glitschigen
Abhang
herrgott!
auf deine bunten Bühnen

im Kehricht blüht er wieder ein Jäger
liegt im Boot zur Strecke gebracht
die Äpfel unter den Augen und
den Schrecken im Haar
die rostige Spielmünze der Waschautomaten
ohne Widerspruch unter der Zunge
wer kann sagen wer wirklicher war?
die Vision einer Hummel?
o Jägerchen o Jägerchen
immer schon verloren!
sind wir halb schon frei!
o Tod o Waschbär
leckt die singenden Knochen blank

nur die Heillosigkeit der Welten
weiß noch von verführten (verfrühten?) Religionen
wo Schönheit ein herrlicher Schmutz ist
der lächeln macht in seiner Uferlosigkeit
von KramKrempelGerümpel
himmlisches Zeug Schutt mal Scherben
leuchtender Kehricht
Verfleckung der wirbelnden Welt

vielleicht dort wo die
Seelen neu verpackt werden?
in einem Waschsalon?

jedenfalls im Keller des Lebens
im wummernden Souterrain
sicher! hier sind Embryonen und Priester

Magier des allumfassenden rosigen Nichts
ein Leprakönig in Erwartung seiner Verwandlung
in ein halluzinierendes Zebra
überhaupt Zebra! Fabeltier aus Nichtfarbe
und unbunter Allesfarbe
ein geschecktes Kleid wie Joseph es trug
der von seinen Brüdern verkauft
wurde und es wechselt jeden Tag seine Jahreszeit

an einem Tag außerhalb der Woche
ergriffen vierzehn Monate die Flucht

erstaunte Pharaonengesichter
im Haus der Millionen Jahre
die Hirnblüte tropft auf fleckige Kleider
getupft wie gesprungen
aber hier ist das surreale Ägypten der Dinge
die Leinenbinden Mumienbandagen
ekstatischer Pharaonenkinder

die Zeit verhöhnt ihn mit
den Wochenminuten seines Lebens den
Sekundentagen seiner Stunden
wie sagte ein Prophet: ein Tag
kann eine Perle sein …
und ein Jahrhundert nichts

verriegelte Vogelschnäbel
nichts mehr singen zu müssen
in den Bildmühlen des schweren Korns

lauter versehrte Vielbemaltheit nicht endender Körper
Neu-Häutungen
inszeniertes Chaos wo die Blutsbrüder zittern
Kostümverleih im Warteraum der Seelen
prozessionshafte Hellhörigkeit
klecksende Mischrituale
rapide Abfallhäufung
wo die Welt sich ausdenkt

der unübersichtliche Mensch trinkt
sein eigenes buntes Plasma
um Nichts als Lyrik zu zeugen
lauter Absagen eines nievereinbarten Treffens
wir können uns hier nicht einrichten

im schutzlosen Schutt
in dem ganzen wundertreibenden Zeug
im *Gewühlblühen des Gefühls*
in diesen Müllbergen der Weltbehausung
Schluchten Schneisen des Sinns
Sch! Schschschsch! Schschschschschsch!
am besten Hauptstädte aus Scham

so ein vertrackter Reichtum im bunten
Monumentaldebakel
nicht Widersinn nur blankes Überangebot an Sinn
eine Bedeutungsschleuder
die verwundet

Potlatsch! Verschwendungsverausgabung!
die Farbe der Überbietung
hingeschenkter Buntkarneval
von Tuben und Tauben
federflockig
türkisene Galle Qual-Gelb überhaupt
warm und kalt

ich sauge an seinem Saum
ich saufe seine Seife
ich trümmere in seinen Träumen
ich flicke seine Flaggen
ich darf nicht lange fackeln
(Chlebnikows Flöhe)

der Tod aber will farbig sterben

ihren prachtvollen farbigen federnden Tod
ihren letzten Triumph ihr tödliches Gefieder
den raschen Aufschein ihrer
überwältigenden Farbenpracht

hier ist irgendwo ein geheimer Triumph

der farbig schillernde Tod hat ihn
zum Augenzeugen berufen
der Tod will nicht unsichtbar sterben
der Tod ist Triumph und er hat
ein herrliches Gefieder! das Huhn mit dem
blauen Hals die dunklen Masern
der Wachtel der Tod war anspruchsvoll
er wollte sich farbig malen lassen
das Unglück, ja, aber in einem verwirrenden
keuchenden Jubel der Netzhaut
sie haben ihn übersehen Er war unsichtbar
und wollte es bleiben

Turbane aus orange blutendem Blütenblatt
und Chemieabfall zauberndes Blut des Chaos
Weltallgewimmel *Gehimmel*
ohne Murren Murmeln
du hörst hier ja nichts hörst du?
nichts als unheilige Wunder

tropfende Töpfe eilige Eimer
Seelentränke aber eimerweise
solche Tiegel hat kein Alchemist gesehen!
knallgrünes Manna
du Buntschuh im Biwak
die Farbe trinkt hier ihr
kleckerndes Eigenleben sie ist
türkisfarbenes Blut und *Tranksame*
für erstaunlich durchtriebene Dämonen

Tod der Farbe die nicht
sterben kann die Auferstehung der Farbe um die
zu üppig aufgetragene aufgewellte geschraffte borstige
gepeinigte triumphierende Farbe (…)
das Paradies wird weiß sein keine Farben
kennen. Aber um welchen Preis

Farbenschlucht aus Weißensee
kein Schluchzen keine Musik
nur die äußerste letzte Stummheit
ja, wir sind im *Ausverkauf-Jenseits*
wir blicken euch an

die einzige Erlösung gibt es nicht die einzige
Lösung ist die Farbe sie ist die letzte
mögliche Religion nein ich hatte mich
verschrieben: Rebellion

überragende Göttinnen mit verhörenden Blicken
haben die Zukunft halb hinter sich
gefärbt von den Fetzen
halluzinogener Ballkleider
die Gasmaske als Halskette schmückt sie fatal
kurzweitsichtige Riesenfrauen
grüßen das ernste Jungengesicht
aus dem das Porträt erstmalig blüht
unerlöst aber im Einverständnis
es sind
keine Märtyrer
die lächeln sollten!
bei den Qualen!

immer geht irgendwas um den Kopf
in den Kopf herausherum rücksundrunter
o Wahn der Turbane!
Schmuckhelme aus denen der Sinn heftig blüht
Ideen wuchern buntblütenhaft direkt aus dem Hirn
unter farbigen Verbänden
tummeln sich welche Wunden
panische Sinnblüte
Übertrumpfungen des *schwerbunten Alls*
die Welt in ihrer Unheilanstalt
Sinn-Offensiven in den Überflutungen
des triumphierenden Gehirns

wie sagt einer der es wissen muss:
ich hänge als Zwergfledermaus
meines eigenen Ichs
aber er sagt auch: Ich bin gestorben
und in Lachen ausgebrochen

die bizarren Relikte der Vergangenheit
suchten ihn gerne heim und er mochte
ihre seltsam gemischte Gesellschaft
und die fabelhaft unpassenden Epochen

Liftschächte in den Abgrund
mit der Taucherbrille der Malerei
Gasmasken abgestaubter Religion
hinab zum Unterweltfluss närrischer Kanalisation

das Nichtzusammengehörige findet sich tastend
ein Ta-Ta-Tablettchen Witz – aber ja
in der Untergrundbahn des Gehirns
der Pinsel tastet nach dem unhörbaren Puls

Transit-Räume: fransende tötelnde Metro-Süße
die stammelnden Orakel irrer Farne und Fasane?
hier ist eine Wirrwarr-Klinik nach dem
STRENGEN GESETZ DER POESIE
der Klimakatastrophe des Atmens

humanoide Kabelseelen verbandelt
am Luftzaum zerrende Zebras zittern
rigoros aufgewühlt
Notfallstation der notdürftig
untereinander Verbundenen

womöglich eine karpfenstumme Abdankungsrede
löchriger ungeschützter Engel

von schwarzen dampfenden Müllhalden
wo verwundete Engel mit noch
zuckenden Flügeln
durcheinander lagen es war Nacht

sie hatten von Kohle und Öl verschmierte
Gesichter und wimmerten im
Dunkeln die Halde knarzte
unter meinen Schuhen wie zerstoßenes Glas wie
lauter kaputtes Keramik- und Porzellanzeug
ich hatte Angst auf die Engel zu treten suchte
einen Weg zwischen ihnen
und ich musste meinen Engel
unter ihnen suchen

bei diesen Bildern fallen mir dauernd Bilder ein
sie wühlen den **kontaminierten Staub**
aus dem eigenen Gedächtnis auf
fallen aus mir heraus ergeben sich
kopfüber kopfunter

da erfinde ich langsam-neu
das Zungige das Zerrige
zimtsinnige Sprache (die zarte Asche)
o Sprache zitternde Zicke
ich versuche sie am Zaum deiner Zunge
in den Weinberg zu stammeln
(Untergegangene Sprachen III)

vielleicht sind es Zauberfabriken
Poesiemüllhalden auf denen
so viel eigenköpfige Farbe leuchtet

das Chaos bezieht plötzlich sein ***Eigenheim***
ungemütlich klar aber willig ins Bild gefügt
Farbfackeln
ohne Rand ohne Endlichkeit

als blickten heilige Hunde dich an

Seelen im Untergrund
farbig drapiert aber ungeordnet
unsortiert wie es Seelen sind
prächtige Wracks!
aber in jedem **Seelenschiff**
aufgehoben

gleich bricht das nächste Saurierzeitalter an
wer solche Welt wählt: wild wo Wald

keiner weiß! was genau sie
verrichten an Gesten und Beugungen
welche Farbkatastrophen
hat sie hinaussterben lassen
aus der Kaltwarmzone wo einer atmet

O die geknickten Harlekine!
hier ist eine Seuche ausgebrochen
die *Farbe* heißt
sie kennt keinen Ausweg mehr wohin
alles in Walbäuchen gefangen

jedes Blut ist blind! es gibt nur
denkende Pigmente!
so verspritzt das Weltplasma dorthin
wo es will

wir wohnen hier nicht
wir sind hier nicht heimisch für immer
den Ausgang suchend der nicht kommen mag
bunter-bunter Beckett
kahler-kahler Kafka

Dante macht sich in einer Ecke ein Feuerchen
wäre nur nicht die überwältigende
zeitlose Stille überall kein Ticken hörbar
nichts als durstige Zeit
so oft die Locke lockt so oft schreibt der Schrei

unter Mikroskopen gucken wir Zyklopen
schwarzblau der Augenring
o Grimassen fleckig
Dickicht der Seelen
ohne Lösung

Holunderblut färbt das Handgelenk
denkt mich lenkt mich schenkt sich
ein buntes Niemandsland
antiparadiesisches Ödland
voller hochgereckter Totems
in den Filialen eines zerstreuten Todes

o die Puppen der Menschen
die nicht ans Ausschlüpfen denken
von Zwergen und Zebras in den Zelten der Zitate
dieses Versunkensein
in den Katakomben der Kreaturen

verbundene Schnäbel lautlos geworden
um nur das Schweigen zu vermehren!
knapp verarztete Vögel ausgesungen
this is the end of song
wie die blendende Eleganz
verschwiegener Tiere

angefahrene Hunde in Agonie
wie jener mit glatter Haut der mir
in Mexiko auf einer staubigen Straße
in vollem
Galopp
vor den Wagen lief
resthungrig
aus dem Bild lief hinkend im verrückten Rückspiegel

warum bin ich hier warum geh ich wieder weg
tausendster Karneval! im
Untergeschoss des Lebens
blinkt ein Mobiltelefon
im vollgemüllten Verlies
nein kein Wimmern der letzten Dinge

ein *Schädelhamlet* murmelt sich hinaus
all dieser heilige Krempel

Hallo-Lob! aus Lumpen und Licht
Scherben Abhub Abraum

hier sind die Paläste des Sperrmülls
giftgrüner Plunder Trödelschrott
nie war Gerümpel heiliger
Müllkippentheologie
aus dem rollenden Flamingotreffen

mit heiseren Stimmbändern
ihre Namen zu brüllen
um ins Nichts deiner Hand
ihre Echos zu füllen

was für Un-Orte *Wund-Orte*
erfundene Religionen aus rosigen Korallen
in den Gräben und Höhlen des Lebens

noch so ein verzerrter farbiger Proviant
von Riesen und Zwergen
Eigenwahnsinn *träumende Ursuppe*
des Lebens zwischen Klecksen
und ätzendem Müll

ich habe einen Idyllendichter
in einem Steinhaus so lange
mit Kehricht gefüttert und er
narrt mich mit einer Blüte
strenger Poesie!

immer schon verloren sind wir halb schon frei

es ist alles ein Fernseher
aber vornüber gekippt
als fauche es dich an
dein eigenes Herz!

Alba

was mich nur reut
ist Tageslicht,
es schmerzt erneut,
das Licht misslingt,
es sticht und zwingt

Raimbaut de Vaqueiras

Alba Alba

lass uns in Albas irrem Bettzeug liegen
Laute lallend wie sie von den Zungen fliegen

lass uns das Narrengold der Nacht
lieben als das Licht der Diebe

wir entziffern kaum die Handschrift der Nacht
kann sein eine Höhlenzeichnung?
und sind es unsere Hände?

wir gleiten tagwärts talhin
mit dem Wort – abwärts immer
kopfüber in die deutliche Richtung

(schleichender Seuchentag)

das Rauschkraut der Haut macht was es will
Rosenesser!
Blindgänger!
Nachtkomplize!

Schläfe an Schläfe

В час тупящихся вежд
Разве выступаем из одежд?

Ob zur Stunde einst der blinden
Lider wir aus unsern Kleidern finden?

Marina Zwetajewa

wer ein halbes Lichtjahr öffnet
kennt das rosige Nichts der Zunge
bitterer Binnenreim der Nacht

wir sind nicht mehr einzuholen
die Nacht spult uns ab
als den letzten Faden

dann fliegt die Zunge zum Notausgang
vor der flirrenden Zukunft
die Fingerkuppen suchen
rasch den Unterschlupf

Tagtrommeln in die Dachrinnen aus
Zink! Zink! Zink!
kein Regen will uns Segen spenden

Schläfe an Schläfe Zunge für Zunge
die irre Gewürzbox der Haut
(enthält: die Welt)

wir verflackern wenn der Tag
dir die Handgelenke küsst eigensinnig
wie das störrische Unkraut: die Zeit

Unsichtbar

lass uns lieber halb verschwinden
virtuoses Flatterherz mit fragenden Flügeln
wird langsam unsichtbar
die doppelte Körperklingel hallt aber
an den Schläfen

der Tod lockert scheinbar seinen Biss
von dem was wirklich zählt
versteht er so gut wie nichts

wir sind bis an die Zungen unbewaffnet
sing! Lust!
bleck! die Zähne!
die Liebe ist ein Fleck
wir haben den Fleck nachthell geleckt

Nachtluft

als würden du und ich
in die launisch beißende Nachtluft verschickt
im weißen Briefumschlag
der langsam enger wird:
gemachte Betten haben mich nie interessiert!

Notizbuch der Grabsprüche

der Tag ist kein Lied das Licht ist die Nacht

der Tag mobbt der Tag kratzt und kreischt
ich liebe nichts mehr als den Laut
verehre stammelnd deine Haut
die Nacht ist die Naht
das Herz ist das Netz

der Tag ein Handschuh ohne Finger
wir stammeln eingehüllt
in Albas transparente Frischhaltefolie
Nacht verkrachte Pracht Tag ist Schlag
ein fernes Judaspferd

Maulschelle wo tief draußen
alles wie besessen seucht
ohne das Tagelied ist die Nacht
nicht hell genug

im süßen Plunder aller Augen
schürfst du was uns schärfen darf
den keuchenden Goldstaub

wir fliegen in luftiges Nichts
auf der bitteren Schattenseite des Lichts

Agent der Nacht

du gibst mir immerzu von deinem Überfluss
und willst von mir nur Dinge die nicht sind

ich habe den irren Agenten der Nacht
so lange mit Tageliedern gefüttert
und er lockt mich mit einer blechernen Blüte
aus Gestammel und Poesie!

wir haben nichts als untergegangene
Sprachen im Ohr
was gibt es für uns danach zu hören?

die Nacht schert sich nirgends! um keinen Besitz
verschleudert ihr Nichts als schlanke Magie
nur ein glänzender Rest längst
verlassener Traumreviere

O Tristan du Narr
wer wirklich liebt vergisst erst spät

Hom ki ben aime tart ublie

Lichtgericht

wir fahren hinunter ins Morgenlicht
im stotternden Aufzug
im Zweifel für den Zauberer:
Merlin komm!

streif meine Haut betaut herausherum
nur was sich beugen kann wird
auch erhoben

in die Sackgassen des Himmels
in die Salzwiesen
der Tag ist eine Totholzinsel

als würde es draußen Lerchen schneien

wer der Kindheit entkommt darf
ein löchriges Paradies erwarten

Mundraum

her tag ihr künt nit ere
bewaren in der mass

längs der Nacht geleckt: Laben
bis der Seuchentag wiederkommt

in die Zunge verflochten in das Lichtgericht
das sein wirres Urteil spricht

wir sind im selben Fluss
von dem was immer kommen muss

ich weiß nur wer du bist
komm her woher
du kommst

wären wir Rätsel wir blieben lange ungelöst
Letterlust Schrift auf Schenkeln
mit dem Mohn aus Mantua im Mundraum

Nachtblüten Tentakel des Tags
lieb mich bis morgen sagte der Mund
lieb mich bis hier und lieb mich bis dort
lieb mich jede Stunde
ich bin halb schon fort

Stundenbuch

ach hertzenlieb nu ist sein
nit ain halbe stunt
das wir verwunt
uns teten zesamen preisen

das zungige zerrige Stundenbuch der Nacht
hat unseren Atem verspielt

wir gleiten in die Wochenminuten deines Lebens
die Sekundentage meiner Stunden
im Tagelied tickt die Uhr
sie weiß nichts als ihre Grillenlieder

der Schneegeruch wärmt die zittrige
Hummel ihres Herzens

so lange hältst du auf dein Glück zu
bis es dir in den Rücken fällt

Sprache ist so saftvoll hilflos
Schönheit verwirrend heillos
die wahre Zunge heiter heimatlos
das Ohr liebend gerne obdachlos

Wie nackt ist die Nacht?

wir sahen so seltsam aus
entblößt von der vergesslichen
Vergangenheit der Fingerkuppen

ich las in deinen Flüssen
deine Hand berichtigte mich
ich brauchte nichts als diese Linien die helle Lektion

aber von unseren Körpern
ging das strenge Leuchten aus

also müssten wir im Dunkeln
nach den Tageliedern wühlen

wimpernjenseits liegt ein Land
bist dort meine Frau genannt

in der Nacht unsere Namen
in die Barackenwände kratzen
Baumarten überm Traum
am unsichtbaren Himmel voller Risse

abseits! weg vom Fenster!

Astronomische Kniekehle

verschwinden Galaxien die vorher
noch sichtbar waren auf Nimmerwiedersehen
küsse ich deine Kniekehle
das Licht das sie drüben
abstrahlen hat keine Chance mehr
die Erde zu erreichen

die Zunge auf Himmelfahrt
was sich dort einbrennt ist ihr
verblassendes Abbild im Augenglück
des Verschwindens

waidwundes Glück
es löst sich ab wie Stück für Stück

neolithisches Leben zieht sich lang schon hin
wo nur ist das Pangolin?

deins gewandes susser smak

nicht immerzu-immerzu den toten Hund
der Zukunft auf der Zunge

kein letztes Wort!
mein kleinster Fingerhut!

die Wörter stellen sich schlafend

wer die Käfige mit flinken Fingern
auftun könnte
ist sein eigener schöner Verlierer
und träumt sich ans Ziel

lichtverdutzt und lichtverdroschen

Einsicht

also bleibt alles wie es niemals war
es ist nicht ganz was nicht bricht
es kommt alles erst langsam ans Licht
das Werk? es kümmert mich nicht
das Wort? aber hallo!

Sprache heilt nicht
beschleunigt keine Vernarbung
verlangsamt sie trotzig
hält die Wunde offen
bis es tagt

Gedächtnis aus porösem Eis
Schlick und monströser Wolle
Infrarot-Atem
ein Ohr das uns abtastet

plötzliche Einsicht
Blitzeis!

Notaufnahme

achter Dezember aber
du weißt es nicht
kannst nicht vergessen
dass du dich nicht erinnerst woran?
die Passagiere liegen in den Einwegkojen
des Lebens das die Verwechslung liebt

vierundzwanzig Stunden dampft es
aus Kontrollverlust ein Mahlstrom
aus Kindheit und Aberglauben
Transiente Globale Amnesie

schaust dich ungläubig um
nur das Wort Notaufnahme hinterm
Rücken deines Nächsten
halbverdeckt
das Gedächtnis winkt ab

ich höre nicht was du mir sagst nur deine Stimme

Tausende werden jetzt künstlich beatmet
Neues ist neurologisch!
es gibt dich nicht mal dort
wo du nicht bist

Schmerzfalle und Cut!

Hybrid

universales Durcheinander
zeigt mir die wahre Rumpelkammer
sternekitzelndes Weltall

ich liebe das Muster in allem

nur Hybrides lässt mich ganz zurück
Gesprenkeltes ist makellos
Geflecktes ist mein wahres Fell
Geschecktes macht mich wirklich hell
Geädertes hat den Leib aus Licht
nichts Ganzes was nicht endlich bricht
Gemasertes lässt von wahrer
Paarung träumen
Narbiges zeigt mir nichts als Wunder
Gemischtes höhlt die tiefe Fülle

richtig innen ist nur die Hülle

Hybrid 2

ich mag es o hinterlistige Fröhlichkeit
dass Himmelsgabeln und Messer aus Wasser
aus völlig verschiedenen Sets stammen
Laken und Kissenbezüge aus mehreren
Zirkussen meines Lebens

so schlafe ich mich
durch meine alten Träume

ich hatte das Wort
und darf es nur selten enttäuschen
was nicht unrein ist
heißt keine Poesie

Luxushölle voller Echtkerzen
Innentüren fallen dir in die Augen

aber in der angeschnittenen Luft
klirren die letzten der Psalmen

Nachtsichtgerät

die Erde bringt mehr hastig Vergrabenes
ans Licht als sonst
die Erinnerung atmet fieberhaft
aus zweifelnden Lungen
wir kommen planmäßig zu spät

Nachtsichtgerät für die Schlaflosen: Poesie
besser Streichholzschachtel
für dunkler werdende Stunden

dann zerbricht sie ihre Griffel
tanzt auf Müllhalden
verlangt die Belohnung für ihre Unreinheit
so bricht es aus dem Erdhirn:
flockenhaftes Gedächtnis
Abschaum und Glück

vergiss nicht dass sie menschlich ist
bitte streichle die Wände!
lass den Hunger blühen
das verkehrte Licht

Night vision device

the earth brings to light more hastily / buried than usual / memory breathes feverishly / from doubting lungs / we are late according to plan

night vision device for insomniacs: poetry / better matchbox / for the darkening hours

then she breaks her stylus / dances on landfills / demands the reward for her impurity / so it breaks out of the earth brain: / flaky memory / scum and happiness

do not forget that she is human / please caress the walls! / let the hunger bloom / the inverted light

Zweiter Planet der Liebe

1

Lufthölle Venus! Treibhausgas
Kohlendioxid Orkane
dreihundertsechzig Kilometerstunden
rasentosen über die allesandere
als liebliche Venus

lieber Sonne essen azurblaue Kartoffelschalen
handgepellt hinschenken im Voraus verloren
was Warmes: Seltenes was Klümpchenglück
Weniges berauscht sich am Wenigen

an deinen Attributen eine kleine Hitze Venus!
vierhundertsechsundfünfzig Grad
es herrscht ein Druck wie in neunhundert
Metern Meerestiefe

ein zerwühltes Bett im Weltall Sterne
im Auge Blaulichtuniversum
zweitverschlungen kopfüber kopfunter
ineinander verkehrt flutsam glutklein

im Universum
zu säen kein Gedicht aus einem Guss
nur noch die Liebe zarter Stuss

ritsch-ratsch!

2

Atmosphäre rotiert sechzigmalalalalal
schneller als der Planet über den
in fünfzig Kilometern Höhe
Wolken aus Schwefelsäure ziehen
in höheren Lagen schneit es Bleisalze
höllisch diese Lavaschlote
ringsum quer Venus!

so musst du dir die Hülle der Hölle vorstellen
aber dein Planet der Liebe
versorgt mich mit akzentbunter Stimme
einer verständigen Luft
und dem katzenschnurrenden Vibrato
Schwalbenflüstern der Zunge
sei getigert mein Planet der Liebe
lass mich dich frohbewohnen
hör nicht auf mir übers Ohr zu fliegen
segnend segelnd

die Augen
folgen dir leise die Göttin der Jagd wirft dir
einen Weg durch die Kehrichtberge und Attentate

du mimst Zeitlupe verbrennst aber
lachend deine Kleider

redest deinen Kuss aus der Weite
jede Nacktheit entfernt sich
als kluge Landschaft

Potlatsch

dein abgestreifter Rock das Buch
das sich die andere Hälfte schenkt:
Bündel von rabenschwarzen
heiteren Halbträumen!

BettstattBett

draußen seucht der Tag
setzt sich die Maske auf
kennt sich selbst nicht
schrilles Licht irrer Postbote
mit Nachrichten wer weiß von wo

ich verwette das letzte Dunkel
für ein klingendes Notizbuch
des Aberzarten

wer nie wegfährt kehrt nie wieder
lass uns verspielen! wohin keine Wege gehen
was nie irgendwem gehörte
Alles hörst du: Alles
soll sich ändern!

Luststern Mundbrot Lakenzauber

die tödlichen Märchen
daherstammeln so gut es geht so gut
es geht

Atemfunzel

aber natürlich ist Atem ein Licht
flackernde Atemfunzel o Rapunzel
natürlich dauert diese Nacht nicht ewig
natürlich werden wir uns wiedersehen
an einem Ort zu keiner Zeit
aber für immernie
natürlich ist nichts als die Zeit
Alba Alba

jeder hat ein geballtes Dorf in der Mitte im Herzen
jeder fliegt faselnd vom flüchtenden Besen
so nackt kann man nicht sein
in den Psalmen der Bettsonne
vorbeugende Liebe dir nachgebogene

die zart und stumm fackelnden Hände
eine Welle bricht unter
uns hervor flüsternde Welt kurz vor Ostern

zwei stammelnde Fossile
hingestreckt zwischen Autowracks
den Rauch verbrannter Reifen im Haar

lass das Vergangene
am Stock uns vorausgehen

Nadelöhr

ich sah uns im Wasser treiben
wie Badende ohne den Schmutz der Kleider
wie zwei flatternde Kälber von strengen Walen
du und ich der gleiche Strohhalm in beiden Seelen
ich saugte an deinem Delta verlor das Alphabet
wir küssten uns die Ohren und froren nicht

Metro, Meer

sind im Nadelöhr gefangen
haften im schwarzen Glas
gehen immer tiefer verloren
dorthin wo wir nicht sind
aber das Licht!
das nach uns schon geboren wird

dann lass uns dieses falsche Grab
halbwegs noch bewohnen
hinunter
bis

was tun sollten wir plötzlich in der Zukunft erwachen
um uns nur Schnee nur Schnee
nichts was von Tageliedern weiß

wir werden in aller Zukunft schelmisch lachen
am Himmel rasch-rasch eins
dieser kleinen Feuerchen machen

Inhalt